講談社選書メチエ
809

身体と魂の思想史

「大きな理性」の行方

田中彰吾

MÉTIER

はじめに

私たちの身体には独特の知性が宿っている。この知性の独特さは、「知識」と「知恵」という言葉を対比させると読者にも伝わりやすいと思う。

一般に「知識」とはなんらかの事実や情報を知っていることを指す。「人間は霊長類の一種である」もひとつの知識であり、「人間は霊長類の中でもとりわけ大きな脳を持っている」もひとつの知識である。どのような事実を指すものでもよいが、「Sはpである（主語Sは述語pである）」という形式の命題として記述できる情報を一般に知識と呼ぶ。

他方で、身体に宿っている「知恵」は、このような命題の形では簡単に記述できないものを多く含んでいる。歩き方、走り方、投げ方、話し方、書き方、歌い方、踊り方、泳ぎ方、すべてそうである。「歩き方」ひとつを例にとっても、「歩く」という身体運動に含まれる手続きのすべてを命題として記述するのはきわめて難しい。だが、命題として言語化するのが難しい局面の中にこそ、「知恵」が宿っている。

実際、読者の大半は、「歩く」ことに付随するすべての手続きを言葉で説明することはできないだろう。にもかかわらず、人前で歩いてみせることで「歩くとはどういうことか」を示すのは容易にできるだろう。言語化することは簡単にできないものの、身体にはわかっている何かがあるのだ。

いま「歩き方」を例にあげた。だが、もっと大きな次元まで広げてこの「知恵」のありかを想像してみよう。もっとも大きな次元に位置するのが「生き方」である。ひとの生き方に関わることまで、身体には自ずとわかっている知恵がある。

一九世紀の思想家ニーチェは、頭の中で私たちが操作する知性のあり方を「小さな理性」、それに対して身体に宿る知性のことを「大きな理性」と表現している。ニーチェの生きた一九世紀後半から二〇世紀にかけて、何人もの思想家たちが「大きな理性」としての身体、知恵の宿る身体をさまざまな角度から豊かに発掘してきた。

本書はこの「大きな理性」という言葉で表現されるような身体性の深みを、二〇世紀に開花した思想に問い尋ね、改めて書き記そうとする試みである。また、歴史的なふり返りを経て、私たちの心と体、魂と身体がよって立つ現在地を描き、その近未来を展望しようとする試みである。

目次

第4章　身体を取り戻した心――メルロ＝ポンティと身体性認知　143

第5章　身体イメージと現代――「付き合いにくい存在」か「大きな理性」か？　177

序章
「大きな理性」としての身体

話せないという経験

学生時代のある時期、それほど長くは続かなかったものの、奇妙な症状に襲われたことがある。いわゆる「緘黙《かんもく》」で、会話中にほとんど話せなくなってしまうという症状だった。この種の症状は一般には「場面緘黙」と呼ばれ、場面を選ぶ特徴がある。家庭では普通に話すことができるのに学校では話すことができないといったように、多くは幼少期に起こるものである。

私には幼少期を含めてそれまで緘黙の経験はまったくなかったし、私の症状には場面を選ぶという性質もほぼなかった。そもそも、当時は一人暮らしをしていて「家庭では話せる」という場面が生活の中になかったので、話す場面があるとすれば友人や知人といっしょにいるときぐらいだった。家族から電話があると人前にいるときより少し話しやすくはなるものの、多少わけあって家族とは自ら距離を取っていたこともあり、私からそそくさと話を切り上げてしまうような状態だった。

奇妙な日々だった。会いたかった友人たちを目の前にしているにもかかわらず、どうしても言葉が続かない。会話の流れからして次は自分が話す順番だとわかっていても、「うん」「そうだね」「わかるよ」といった言葉で、形式的に他者の発言内容を肯定してその場をつなぐ程度のことしかできない。胸の奥で、あるいは腹の底で、何か言いたいことがあるのを感じているにもかかわらず、それがどうしても口を衝《つ》いて出てきてくれない。無理に話そうとすると、こんどは頭の中が真っ白になってしまい、次に話そうとしている言葉の断片が消えてしまう。人前に出ると全身が硬くなって話ができない、という場面緘黙の症状とは明らかに違う。友人とともにくつろいでいる（と主観的には感じている）にもかかわらず、話せないのである。

いつもどおり会話を楽しんでいる友人たちが羨ましかった。同席していながら言葉が続かない私からすると、あたかも彼らに言葉を奪われているような感じだった。周囲の会話を聞きながら、もちろん私も似たようなことを感じたり考えたりしている。微妙な違和感が生じたり、ときには「それは違うだろ」という明確な違和感を覚えることもある。だが、口を挟みたくても言葉が出てこず、焦燥感を感じているうちに、私の中で宙吊りになった言葉が誰か別の人にさらわれて、別人の声になってその場に放たれる、といった具合だった。それを何度も繰り返してその場の会話が終わると、後になって「あーあ、何も話せなかった」という強い落胆を感じた。

その場の思いつきで話せないのなら、話すべき内容を言葉として事前に頭の中で組み立てておけばいいのではないか。そう考えて、人に会う予定がある日は前もって会話内容を予測し、「こういう話題になったらこれを話そう」と準備をしてみた。だが、こうした計画的な努力はほぼ無駄だった。事前の予測があたればその一瞬だけは会話の中に入っていくことができるものの、会話というものはたいていその場の流れで決まる。私が語る言葉は、事前にプログラムされたＡＩスピーカ（当時そのようなものはなかったが）が発話するそれと大差なかった。どこかその場にうまくフィットせず、友人たちの注意を惹きつけることもなく、次々と繰り出される言葉の波にすぐにかき消された。

自分なりに思いあたる原因は、その当時自己流で実践していた坐禅である。禅宗では「不立文字《ふりゅうもんじ》」が強調され、悟りの内容を言葉にしたり知的に解釈したりすることを嫌う。当時の私は、座って深い呼吸を続け、雑念を払いつつ黙した状態を一時間以上続けることを日課にしていた。坐禅をやってみれば誰もが気づくことだが、瞑想時に湧いてくる雑念はもっぱら言葉でできている。視覚的なイメージが立て続けに現れることもあるが、雑念の中核にあるのはむしろ内的な「独り言」で、瞑想中はたがが外れたように奔放な連想が続く（精神分析の言葉を借りれば「自由連想」である）。私の場合は気づくと雑多な考え事の中に迷い込んでいることが多く、思念にとらわれている自分に気づくたび、念を放ってありのままの状態に戻る、ということをいつも繰り返していた。

このような訓練を続けていたせいか、当時は心的に「不動」に近い状態ができ上がっていたように思う。いや、「不動」という表現は肯定的にすぎる。当時はまったくの自己流で試していたので、自分の状態を評価するすべがなかった。この状態が坐禅の結果であることを漠然と感じてはいたものの、それが肯定的な境地なのか否定的な境地なのか判断がつかなかった。とにかく、頭の中でつねに連想として流れている言葉にとらわれない状態、とでも呼ぶべき心の構えをある程度実現できるようにはなっていた。内的な言葉にとらわれない「不動」の心構えが一度できてしまうと、そこから通常の「動」の状態に戻って言葉を話すのに工夫が必要になるらしい。

雑念として流れる内言（音声として表出しない内的な独り言）にとらわれない状態から、それを言葉としてつかまえ声に変換して表出する、その一瞬の隙間に砂漠のような空白地帯があるように感じられた。緘黙の症状は、言ってみればこの空白地帯の砂漠に足をとられて動けないような状態である。人々が何の不自由もなく声を出しておしゃべりするのを、声の出ない「世界の余白」のような場所から焦燥感とともに見つめているような経験だった。

どうにかして話そうとすると、かえって言葉の空白地帯に深くはまり込む。このような場合、なんとか話そうとしてこだわることこそ、禅や仏教が退けるとらわれ（執着）である。そう考え、緘黙の症状が現れて二、三週間たつころには、無理に話そうとするのをやめてしまった。それだけではなく、緘黙の原因になっていると思われた坐禅もやめてしまった。とはいえ、そうしたところですぐに言葉を話せる状態に戻るわけでもない。他人といっしょにいるときに話せないと焦ったり落ち込んだりするのだが、それは努めて気にしないようにし、「いつかまた普通に話せるようになるだろう」と何度も気を取り直した。

その後、二月くらいかけて少しずつ話せるように戻っていった。「話せる！」という劇的な場面が来ることを期待していたが、そうした場面はやって来なかった。緘黙が治るのに役立ったと思われるものを敢えてひとつあげるとすれば、「歌」ではないかと思う。お気に入りの音楽を部屋で流していると、思わず歌詞を口ずさむ場面がある。気持ちが乗ってくると声が大きくなり、自室で一人カラオケ状態になる。学生時代に一人暮らしを始めてから自然に習慣になっていた「歌う」という行為は、当時ちぐはぐになっていた私の「心」「身体」「言葉」をもう一度メロディの経験として結び合わせてくれるようだった。歌っているときだけは、メロディとともに流れる体感に乗って言葉が自然と声になって現れる。歌詞という言葉だけが、話そうとする意図を持たなくても、喉と口を再び動かしてくれた。

思えば、坐禅に取り組む当時の私はきわめて観念的だった。青年期特有の人生についての迷いを取り払いたい一心から坐禅を始めたために、心の状態を整えることにこだわりすぎていた。禅ではもともと「調身」「調息」「調心」といって、蓮華坐《れんげざ》を組んで身体と呼吸の状態を整えながら、それと一体のものとして心の状態を整えていくのが本来のあり方である。私は蓮華坐にともなう脚の痛みに瞑想を妨げられるのが嫌で、フラットな座面の椅子に腰掛けて坐禅（のいわば真似事）を繰り返していた。椅子に座って禅の瞑想を実践すると、痛みや張りといった身体感覚が生じにくく、呼吸さえ整えば初心者でも長時間座っていられる。私にとって「調身」は、「身体を整える」というより、身体が気にならないから「身体を忘れる」という感じに近かった。

こういう自己流が災いしたのであろう。私の坐禅はもっぱら雑念を払う「調心」の試みに集中していた。そうは言っても、雑念が消えて「無」になる状態は滅多に訪れない。ただ、雑念として流れている内言からある程度自由に距離を取れるようにはなる。さまざまな雑念がやって来てもそれが気にならず、内言が流れていくのをただただ眺めている状態である。このような状態が訓練によって実現できてしまうと、雑念や想念をわざわざ音声に変換して言葉にする必然性が自分の中でなくなっていく。当時の緘黙の症状も、おそらくこういう状態が自分の中で定常化していたことに由来する。簡単に言うと、頭の中の言葉から離れていられるだけの距離が常時あるため、どう話していいか忘れてしまった、ということだったのだろう。

近代的理性主義の影としての身体

前置きが長くなったので、本題に近づけて語り直そう。当時の私は、坐禅の基本である「調身」「調息」「調心」のうち、「調心」だけが突出したような経験を重ねていた。そのため、自己流の坐禅を通じて心と身体が統一されるどころか、かえって心と身体がばらばらになってしまった、ということである。緘黙の症状の最中、会話の場にいて何かを感じている身体は確かにそこに存在しているのだが、私の心は一種の傍観者のごとく、身体から自然に生じてくる言葉の連想をたんに眺めている。話す際に必要な意図の発動ができないまま、心が宙吊りにされているような状態である。

いまだに覚えているが、緘黙を経験した時期と前後して、歩いている自分を少し上から眺めているような奇妙な感じにしばしば陥っていた。歩行中、眺めている自分と歩いている自分が二つに分かれているような、あるいは心が身体から離れて漂っているような、なんとも言葉で表現しづらい変な感じである。言葉を話す状態に心がうまく入れないのと同じで、歩いている身体に心が一致していないのである。後年、離人症と呼ばれる精神病理に苦しむ当事者がこのような症状を経験していると知ったとき、どうにも他人事《ひとごと》には思えなかった。私が経験していたのは、自己流の坐禅によって引き起こされた人為的な離人症のような状態だったのかもしれない。

禅宗では道元の言葉として「身心一如《しんじんいちにょ》」にしばしば言及がなされる。しかし青年期に特有の観念優先の状態から「悟り」を求めて坐禅に取り組んだ私は、身心の一体性を感じるどころか逆に心と身体が分離したような症状に苦しめられた。今でこそ身体論を専門にしているが、それまで「身体が重要である」と明示的に考えたことがなかった私にとって、この経験は根本的な態度変更のきっかけとなった。身体に由来する言葉に心が入り込めない状態は良くない。心が身体を離れて漂っているような状態は良くない。歩いている自分とそれを俯瞰している自分が分離しているような状態は良くない。そう思い立って、椅子に座って瞑想するのはやめ、身体の自発的な動きを取り戻した。心身が一致するように歩いたり、歩いてもダメなら走ってみたり、それでもダメなときは踊ってみたりした。歌うことが言葉をメロディに委ねることだとすると、走ることや踊ることは躍動する全身のリズムに心を委ねることである。皮肉なことに、坐禅を組むよりも、むしろこういうダイナミックな過程を経て、私は少しずつ身体を取り戻し「身心一如」を多少とも実感できる状態に変化していった。

　人生の意味や目的について思い悩みやすい青年期に、ひとは総じて観念的になる。その大きな理由は自我に目覚めることにある。私には他者によって干渉することのできない「内面」の領域があり、この内的意識こそは、私が私であって他の誰かではないことの根拠である。私が拠って立つべき生き方や人生を支える価値観は、他者によって決められるべきことではなく、私自身の理性に従って自律的に決定すべき事柄である。一八世紀の思想家ルソーが、こうした青年期における自我の覚醒を「第二の誕生」と呼んだのはよく知られている[1]。

　思想の歴史に関心を持つ者であれば、青年期に特有のこの傾向が、デカルトに始まってカントとヘーゲルにおいて頂点を迎える近代の観念論の系譜に重なって見えるのではないだろうか。デカルトは何者にも依存しない「われ思う」という精神の作用を哲学の出発点に置いたし[2]、カントは『純粋理性批判』において、精神あるいは理性の作用がこの世界をいかに構成しているか、その限界まで含めて隅々まで明らかにしようとした[3]。ヘーゲルでは精神を重視する哲学はさらに徹底されている。弁証法を通じて自ら生成する精神は、カントが断念した「物自体」をも認識し、主観と客観が合一して絶対的精神にまで高められる。このような論調で展開するヘーゲルの『精神現象学』は、観念論の頂点に位置する書物である[4]。

近代において強化された理性主義は、決して学問の世界だけに見られたわけではない。一八世紀末の革命期のフランスでは、有名な「理性の祭典」がフランス全土で開催されている。非合理な神への「信仰」に代えて、合理的に筋道立てて物事をとらえて諸問題を解決できる人間の「理性」こそ信じるべきものである、というのがこの祭典の主張だった。もっとも、現実の祭典は群衆によるカーニバルのような祝祭をともなうものだったようだが、理念として流れていた「理性崇拝」がきわめて観念的なものだったことは想像に難くない。当然のことと言えるが、この祭典では当時を代表する啓蒙思想家だったヴォルテールやルソーの思想が重視されていた。啓蒙思想とは言うまでもなく、理性の啓蒙を通じて旧来の封建的な社会を変革しようとした思想運動である。

ドイツ観念論やフランス啓蒙思想は、一八世紀から一九世紀にかけてのヨーロッパ思想の到達点であるとともに、「身体なき精神」を象徴する思想史上のピークである。このような状態は、青年期の観念論と同じで、それほど長く続きようがない。観念に同一化しても人生の意味について確固とした答えを持てないのと同じで、理性主義は、思想としてどれほど洗練されていてもいずれ砂上の楼閣のごとく崩れ落ちる。ヘーゲル哲学は一見すると、「精神」によって世界と認識と歴史のすべてを説明し尽くしているように見える。だが、一九世紀に入ってしばらく経つと、ヘーゲルに対する批判にとどまらず、それを通じて近代の理性主義に対する真剣な反省が始まってくる。
哲学者の木田元はかつて、『反哲学史』という興味深いタイトルの著作の中で、この間の事情を次のように説明している。

一八三〇年代以降、ヘーゲル的理性主義への批判がさまざまな角度から展開されることになります。そのなかには、単にヘーゲル哲学への批判に終わらず、それが同時に近代理性主義の総体に対する批判になり、さらにはプラトン以来の形而上学的思考様式そのものへの批判にもなるような本質的なものがいくつかありました。[5]

木田はこう述べて、近代哲学（ひいては形而上学そのもの）を転倒する「反哲学」の始まりとして、シェリングによる自然と実存の哲学、マルクスの自然主義的な労働の思想、ニーチェの反形而上学的思考を挙げている。一般的には、ヘーゲル以後に始まる近代批判の思想として、シェリングではなく精神分析のフロイトを位置づけ、マルクス、ニーチェ、フロイトの三人をポスト近代思想の源泉とすることが多い。いずれも、近代的な理性主義だけでは解決の及ばない「理性の影」にあたる領域を発掘した思想家である。

筆者は、理性主義を批判する「反哲学」の根底に、観念論的に純化された「精神」が切り捨てた「身体」への着眼があったと見ている。一九世紀の段階では――以下で見るとおりニーチェを除いて――「身体」というキーワードは十分に練られた仕方で思想の表舞台に現れてはこないが、二〇世紀になるとこの動向は顕著になる。そもそも、ひとは「精神」を生きているのではなく、身体と結合した精神、道元の言葉で言うと「身心」を生きている。具体的な生活世界の中で食べたり働いたり眠ったりしなければひとは生きられないし、生きる過程には、性や暴力のように理性では制御しきれない事柄も含まれる。私たちの人生には合理的思考だけでは見通すことのできない偶然の契機が備わっているため、青年期的な観念論だけで人生の意味に答えを出せるわけではない。同様に、理性を信じた一八〜一九世紀の思想が疎《おろそ》かにしたものも、私たちの生に備わっている理性の影としての「身体」の次元だった。思想史に対するこのような見方が、本書の出発点である。

二〇世紀の身体論、あるいは身体論の二〇世紀

二〇世紀は、思想のさまざまな領域で「身体論」と呼ばれる議論がひとつの大きな潮流を作り出した時代だった。それは、哲学、宗教学、心理学、社会学、文化人類学、建築学など、多様な学問分野で論じられ、身体を共通項とする学際的な議論を生み出した。身体論はまた、ジェンダー、エスニシティ、階級、環境問題、デザイン、ファッションなどの具体的な主題から、心身論、死生観、科学・技術論、宇宙論、認識論などの抽象的な主題に至る広がりを持っていた。これらすべてを網羅する思

想家がいたわけでも、巨大な統一理論があったわけでもない。しかし、分野や主題の違いを超えて身体に注目する共通の動向が、とくに二〇世紀後半には顕著に存在した。本書は、心身論（心の問題との関連で形成された身体論）を中心にして二〇世紀の身体論をふり返り、そこから、私たちの身体が置かれている現在、これから向かおうとしている近未来を展望する試みである。この序章では、二〇世紀に開花した身体論の源流をたどっておきたい。

かつても今も、さまざまな身体論にとってひとつの豊かな源泉であり続けているのがM・メルロ＝ポンティ（一九〇八～一九六一）の哲学である。本書でも第4章で取り上げるが、メルロ＝ポンティは、それまでの哲学が身体を持たない認識主観を前提として議論を組み立てていたのに対し、私たちの認識がそもそも身体なしでは成立しないことを明らかにした。私たちの認識する現実は――カントが考えたように――抽象的な**主観**が感覚的な情報を概念によってとりまとめることで成立しているわけではなく、身体とともに行為する**主体**がその青写真をあらかじめ描くことで成立している（フランス語では主観も主体も同じ sujet だが、日本語では両者を区別するほうがわかりやすい）。このことを彼は『知覚の現象学』[6]で詳細に論じている。メルロ＝ポンティの議論は、そもそも私たちが世界をどのようにとらえ、そこでどう生きているのか、という生の全体に関わる点で広大な射程を備えていた。そのため現在でも、認知、心理、教育、看護、芸術といった領域の議論に影響を与え続けている[7]。

もちろん、メルロ＝ポンティの身体論も彼ひとりの思索から生まれてきたわけではない。H・ベルクソン（一八五九～一九四一）やE・フッサール（一八五九～一九三八）といった先駆者を持っている。

ベルクソンは、近代哲学の祖デカルトが精神と物体を明確に区別したのに対して、なかば精神でありなかば物体でもある「イマージュ」を実在するものの基礎にすえて、認識のあり方を再考しようとした（『物質と記憶』[8]）。イマージュは想像上の対象のように架空の存在ではない。例えば、時計のイマージュは私たちが時間を確認しようとして文字盤を見つめるときに現れる何かであり、現実の行動に影響する。とはいえ、それは私が時間を気にしていない場面では知覚世界に現れてくることがない。つまり、私たちがそれを知覚してもしなくても独立に実在している「物体」ではなく、行動に相関して現れるのがイマージュである。ベルクソンによると、身体はそのつど、行動の源泉として、あらゆるイマージュが現れてくる場面に立ち会っている特殊なイマージュである。ベルクソンの見方は、行為する主体が現実を知覚する場面をとらえることで認識論を再構築しようとしたメルロ＝ポンティにとって、先駆となる発想を多く含んでいる。

フッサールもまた別の点でメルロ＝ポンティ身体論の先駆者だった。フッサールは、私たちが空間的な事物を経験する場面で、その経験すべてに関与している存在としての身体に着目している[9]。身体は、外界の事物が私の経験に現れてくる以前に、知覚を通じて私のあらゆる経験を媒介している。もともとフッサールは、あらゆる経験の礎《いしずえ》となるようなものとして「意識」の作用を重視し、彼自身の哲学である現象学を提唱したのだが、後期になると、意識の志向性の根源に身体の作用を見出すようになる。実際、「身体はあらゆる「意識の機能」に関与している」[10]と述べているくらいである。身体は、方向定位の中心としてつねに「ここ」にあり、知覚世界がそこから開かれるパースペクティヴとして機能している。また、私は自分の意志で動くことによってここから他の場所に自由に移動することができるが、身体そのものから遠ざかって別の場所に移動することはできない。その意味で、身体は、自己が自己として世界に現れ、世界を経験する際の原点でもある。フッサールは、後にメルロ＝ポンティが展開することになる身体の思想を萌芽的なしかたで書き残している。

メルロ＝ポンティから少し距離を置いてみても、二〇世紀初頭にはすでに「生の哲学」と呼ばれる一連の哲学的傾向が明確に現れていた。そこには、自然科学に対置して精神科学を確立したW・ディルタイ、ニーチェの影響を受けつつ独自の生の思想を展開したG・ジンメルと並んで、ベルクソンも位置づけられていたのである。生の哲学は、それ以前に影響力の強かった理性主義の思想に対して感性的な直感や直接経験を重視し、生をその現場においてとらえようとする傾向を強く示していた。生（あるいは生命）が、個別に経験される次元では身体として現れることを考えれば、生の哲学はすでに「身体の思想」であったと言える。

生の哲学だけではない。生の哲学に比して「性の哲学」ともいうべきS・フロイト（一八五六～一九三九）の残した精神分析もまた、先に示唆したとおり、身体についての卓見を含む思想だった。フロイトといえば「無意識」というのが一般的な読者の連想するところだろうが、もう少し丁寧に見ると精神分析の起源はヒステリーの治療にある[11]。ヒステリーは、一九世紀末の神経学にとっては原因不明だったものの、神経系になんらかの関連があると見られる各種の身体症状（めまい、頭痛、運動障害など）をともなう疾患だった（詳しくは第1章を参照）。フロイトは、本人にも制御できない身体症状の背後に、性にまつわる記憶と感情が絡み合った複合体（これを精神分析では「コンプレックス」と呼ぶ）が抑圧されているのを見出し、ヒステリーを心因性のものと考え、この複合体から成る心の領域を「無意識」と呼んだ。その意味で、精神分析は「無意識の思想」であると同時に、身体症状の背後に生と性のダイナミズムを読み取ろうとする「身体の思想」でもあったのである。

こうしてみると、二〇世紀なかばに身体論が開花する状況は、生の哲学や精神分析が思想として影響力を持った二〇世紀初頭にはすでに準備されていたことがわかる。以上の歴史をふまえ、序論でやや詳しく検討しておきたい思想家がいる。それは、ポスト近代思想の源泉として先に名前をあげたもう一人の人物、フリードリッヒ・ニーチェ（一八四四～一九〇〇）である。生没年から想像できるとおり、ニーチェは一九世紀末に多くの著作を残し、世紀の変わり目にこの世を去っている。ニーチェは、A・ショーペンハウアーとともに生の哲学の先駆者として位置づけられると同時に、二〇世紀なかばに勢いを持った実存主義（第3章参照）にとっても、S・キルケゴールとならぶ源流とされる思想家である。加えて、フロイトの精神分析とはその思想的親近性が以前から指摘されている。ニーチェが身体をどうとらえていたのかをふり返ることで、その後展開されることになる身体論の原像をつかんでおきたい。

ツァラトゥストラの語る身体

ニーチェの後期思想を代表する著作『ツァラトゥストラはこう言った』[12]は、生、生命、生きること、身体であること、病むこと、死ぬこと、人間であること、人間を克服して超人になること等々について、読者をつかまえて離さない独特の語り口で綴られている。この作品は、よく知られているように、聖者ツァラトゥストラによる説教を集めたものという設定のもとで書かれている。もっとも、ツァラトゥストラはニーチェが考えた架空の人物で、「聖者」と呼んでよいのかどうか定かではない。聖者というにはきわめて非宗教的な人物であって、冒頭から読み進めていくと、早々に「神は死んだ」と独白する場面に読者は出くわしてしまう。にもかかわらず、読者がその語りに聖者然とした何かを感じてしまうのは、ツァラトゥストラが来たるべき生き方を熱烈に説いてやまないからである。ツァラトゥストラの口を借りて現れるニーチェの思想において、身体はきわめて重要な価値を持っている。それは例えば、このような語りになって表れる。

さらに目ざめた者、識者は言う。わたしはどこまでも身体であり、それ以外の何物でもない。そして魂とは、たんに身体における何物かをあらわす言葉にすぎない。[13]

ニーチェは、魂と身体を区別して考える二元論の発想を強く批判する。この批判は、いわゆる「彼岸の世界」に魂の救済を求める人々、当時のヨーロッパ社会におけるキリスト教徒に向けられている。ニーチェによれば、人間世界のかなたにあるとされる彼岸の世界は、もともと人間が想像を通じて生み出したものにすぎない。人間は身体を持ち、身体とともに生きているが、その身体はときに疲れ、ときに病み、そして最後には死んでゆく。その厳かな事実に耐えきれない人間は、この世界を超えたかなたに、身体から離れた魂が救われるべき彼岸の世界と、彼岸の世界を治める神を生み出さずにはおれなかったのである。だが、こうした幻想をきっぱりとふり払うなら、引用にあるように「わたしはどこまでも身体であり、それ以外の何物でもない」。魂が離陸していく先の彼岸の世界が存在しないのなら、魂という概念もまた、「身体における何物かをあらわす言葉にすぎない」ということになる。

では、その身体はどのような内実を持つのだろうか。それは、疲れ、病み、死ぬ以外に何か積極的な意義を持っているのだろうか。身体は生命体であって、生命体だからこそ、生きようとする積極的な意志を備えている。そう言えば聞こえはいいかもしれない。だが、このことは、生き延びて自己保存するために種々の欲望を持ち、その欲望を満たすことにしか向かっていかないということかもしれない（つまり「生存本能」ということである）。例えば、喉の渇きが水によって潤い、空腹がパンによって癒されれば、身体はそれ以上なすべき何かを持ち合わせていないのかもしれない（まさに生存本能であればこそ）。あるいは、人間の身体は文明化の過程で動物から逸脱した存在に変貌していて、渇きや飢えが満ち足りてもなお「もっと欲しい」と欲望を肥大させるようにしかできていないのかもしれない。例えば、食欲を制御できず、過食症に陥ってもなお食べ続ける人がいるように。

しかし、そういうことではないらしい。ニーチェは、先の引用に続く箇所で次のようにツァラトゥストラに語らせている。本書にとって出発点となる重要な箇所なので、少し長くなるが引用しておこう。

身体はひとつの大きな理性だ。ひとつの意味をもった複雑である。戦争であり平和である。畜群であり牧者である。

あなたが「精神」と呼んでいるあなたの小さな理性も、あなたの身体の道具なのだ。わが兄弟よ。あなたの大きな理性の小さな道具であり玩具なのだ。

「わたし」とあなたは言い、この言葉を誇りとしている。しかし、もっと大きなものは、――それをあなたは信じようとしないが――あなたの身体《からだ》であり、その大きな理性である。それは「わたし」と言わないで、「わたし」においてはたらいている。

感覚は感じ、精神は認識する。それらのものは決してそれ自体で完結していない。ところが感覚も精神も、自分たちがすべてのものの限界であるように、あなたを説得したがる。かれらはそれほどまでに虚栄的なのだ。

感覚も精神も、道具であり、玩具なのだ。それらの背後にはなお本物の「おのれ」がある。この本物の「おのれ」が、感覚の眼をもってたずねている。精神の耳をもって聞いているのである。

この本物の「おのれ」は常に聞いたり、たずねたりしている。それは比較し、制圧し、占領し、破壊する。それは支配する。それは「わたし」の支配者でもある。

わが兄弟よ、あなたの思想と感情の背後には、強力な支配者、知られざる賢者がひかえている、――それが本物の「おのれ」というものなのだ。あなたの身体のなかに、かれは住んでいる。あなたの身体は、かれなのだ。[14]

ここでは、いくつかの対になる表現をちりばめて身体の重要性が語られている。身体はそもそも「大きな理性」であって、それは「小さな理性」とは異なる偉大なはたらきをしている。小さな理性は、自らに備わる感覚と精神のはたらきを通じて、ものごとについて感じ考えているが、それは往々にして大きな理性にもとづく認識を取り逃がしてしまう。ニーチェがこの引用箇所の直後で実際にあげている例は苦痛と喜びである。ひとは、自らの感覚を通じて痛みを感じると、どうすればその痛みを感じなくてすむのか、その対処のしかたについて考える。しかしまさにそのために、「痛い」という経験そのものに立ち会うことができず、そこから立ち去ってしまう。痛みを経験することが、本来ならばその人にとってなんらかの意味や目的を持っていたかもしれないにもかかわらず、である。これは喜びのような肯定的な経験でも同様である。喜びはポジティヴに経験されるからこそ、痛みとは反対に、どうすればもっと喜びを感じることができるのか、その方法について小さな理性は考え始める。そしてそのために、「喜ぶ」という経験そのものに深く入っていくことなく、小さな理性は表面的な喜びをただ繰り返そうとするのである。

おそらく、私たちの身体は、もともと「小さな理性」によって飼い慣らすことができるようなしかたでは作られていない。身体は、痛みを感じるべきときに痛みを感じ、喜びを感じるべきときに喜びを感じるようにできている。それは、**身体が投げ入れられている世界との関係でそのつど与えられる経験**なのであって、もともと繰り返すことができない。だが、繰り返せないからこそ、その**一度だけの経験にとどまり、経験の深みに立ち会うことが、身体にとっては永遠の充実をともなう**のである。

筆者はここで、何か神秘的な経験について語ろうとしているわけではない。むしろきわめて単純なことである。例えば、あなたはいま浜辺にいて沈みゆく夕日を眺めているとしよう。よく晴れた冬の空、風は冷たく吹きつけるが空はとても澄んでいて、沈みゆく夕日はそれを眺めるあなたの眼を釘付けにするほど美しい。水平線に沈み込んで一瞬ほのかな残像とともに空の色が反転したところで、あなたはようやく我に返ったように、美しさの経験から引き離される。

このような経験を「小さな理性」はつねに取り逃がしている。ニーチェによると、小さな理性の主体は「わたし」(ドイツ語Ich、英語のI)である。「わたし」は、苦痛を感じなくてすむようにその回避のしかたを考え、喜びを味わいたくてその再現のしかたを考える。もっとスケールを大きくして、老いや病や死を念頭に置いてみるといい。どうすれば老いずにすむのか、どうすれば病に倒れずにすむのか、どうすれば死なずにすむのか。生まれてから死ぬまで、繰り返しのきかない時間の中に投げ込まれている身体にとって、このような問いには最初から答えがない。にもかかわらず、訪れる老いや病や死をなんとか避けて通ろうとして、「わたし」はいろいろな方法を考えずにはおれない。老いに抗《あらが》って若作りをしてみたり、病まずにすむよう健康を気遣ってみたり、あるいは病んでも大丈夫なように保険に加入してみたり。そして、死という厳かな事実を前にして、「わたし」が「小さな理性」を使って考えることのできる最大の対処法こそ、「死んだ後で魂が救われる」ような彼岸の世界を想像し、信じることなのである。ニーチェは、「わたし」＝「小さな理性」が自らの弱さゆえに生み出さずにおれない虚構に頼る生き方を批判しているのである。

もちろん、ここで「小さな理性」のはたらきを非難してもしかたがない。若作りや健康への気遣いや保険への加入は、一方で誰もが当たり前にしていることである。真の問題は、それによって「大きな理性」としての身体が最初から存在しなかったかのように私たちが取り違えてしまうことである。「大きな理性（grosse Vernunft）」としての身体は、もともと自らが生命体であるからこそ、「小さな理性」の生み出す虚構が最終的な解決にはならないことを知っている。大きな理性を司る主体は「おのれ」（ドイツ語 Selbst、英語の self）である。「大きな理性」としての身体に住まう「おのれ」にとっては、感覚にしても精神にしても、生命を充実させるための道具にすぎない。身体は、まさにそれが生命体であるからこそ、日々新たに喜びを感じたり痛みを感じたりしながら、そのつど与えられた状況のなかで実現すべき生命の可能性を最大に発揮しつつ生きようと欲する。だから、感覚を通じて感じること、精神を通じて考えることは、そのつど新しく更新される。命あるものとして身体は日々少しずつ変化しつつあり、身体を取り巻く環境との関係もまた変化しつつある。そのように、一日一日、一瞬一瞬、変化しつつある身体と世界の関係を感覚は映し出し、精神はそれに触発されて考える。だから、幼な子が飽きることなく世界を探索して遊び続けるように、大きな理性としての身体は、与えられた状況のなかで日々新たに自らを創造し続けるのである。ニーチェによると、「自己自身を超えて創造すること」[15]こそ、身体に住まう「おのれ」がもっとも欲することである。

以上のように要約できるニーチェの見方は、二〇世紀になって開花する身体論の原像をよく表しているように思う。理性的な主体として身体に由来する欲望や感情を制御して行動すること、「あの世」での救済を信じて慎ましくこの世を生きること、こうした生き方が大切だと一般には信じられているかもしれない。しかし、そうした信念や常識によって見過ごされている生命の潜在力が身体には備わっている。このことに気づいて、身体に宿る大きな理性としての「おのれ」を解き放つ生き方が重要である。このようにニーチェの身体論を要約することができる。本書では、近代的な理性を「小さな理性」とし、身体に由来する生命の潜在力の開花した姿を「大きな理性」とする、身体論に特有のこうした見方の二〇世紀における展開をたどる。そして、身体論の現在と近未来――さらに言うなら私たち自身の身体の現在と近未来――を展望する。

生成と消滅の永遠回帰

ところで、『ツァラトゥストラはこう言った』は、この世での生を支える価値の源泉を彼岸の世界に見出す世界観に代えて、「永遠回帰」と呼ばれる独特の世界観を説いた書物としても知られている。ツァラトゥストラの説く身体論をおさえたうえで、永遠回帰はどのように理解することができるだろうか。筆者から見ると、永遠回帰には身体論の延長として理解できる面と、そうでない面があるように思われる。ここで整理しておこう。

そもそも、この世を超えた彼岸や死後の救済という概念を否定するニーチェにとって、善き生と悪しき生を区別する根拠となる価値の基準もまた存在しない。私たちが生命として今ここに存在していることが無上の価値であって、それ以上でもそれ以下でもない。もちろん、生命体としての身体は、生まれ、大きくなり、老い、病み、死んでいくが、そのこと自体に価値があるということと、それが価値の基準となることは別である。例えば、生命を維持する機能を持つ経験（例えば食べること）が善いことで、それに反する機能を持つ経験（例えば病気になること）が悪いことである、というのは生命の維持が目的となるときに派生する二次的な価値にすぎない。喜びの経験も悲哀の経験も苦痛の経験も病気の経験も、すべてが生きていることにともなう経験であるかぎり、それ自体として肯定されるべき素晴らしいものである。ひとは喜ぶべきときに喜び、病むべきときに病む。

だが、このような認識は、死についても根源的な態度変更を迫ることになる。私たちは、あらゆる生命体がいつか必ず死を迎えることを知っている。だから、私自身の身体もまたいつか死を迎えるだろうということを理解している。しかし、死にまつわるこの種の知識は、どこまでいっても知識の域を出るものではなく、具体的に経験できるのは他人の死でしかない。他ならぬ私――ニーチェの言い方では「おのれ」――が、身体の消滅にともなって解消することが死だとするなら、この私は私自身の死を経験できない。というのも、先に引用したとおり、「わたしはどこまでも身体であり、それ以外の何物でもない」のだとすると、身体が消滅していく過程と独立に、それを認識する自己が存在するわけではないからである。身体が消滅するとき、それと同時に身体を経験する自己もまた解消していく。その意味で、私にとって死の経験は決して完了しないのである。いつか必ず死ぬとわかっているし、私は必ず死ぬのではあるが、その**死を経験する私は死が生じる過程で同時に解消してしまうので、死の瞬間それ自体を「経験」することはできない**。

そこで、死にゆく過程にどこまでも接近して考えてみると、個体としての私がほぼ解消してしまうような場面にたどりつく。この場面で起こっているのは一体どのようなことだろうか。もはや、「私がその事象を経験する」と言えるほど、私と事象とのあいだに隔たりは残されていない(例えば「私は雨を経験する」「私は魚釣りを経験する」といった事態と「私は死を経験する」との根本的な違いを考えてほしい)。身体の温熱感や心臓の拍動など、なんらかの事象が生じているとしても、「事象を経験する私」が当の事象とは独立に存在しえないような事態である。このような事象はもはや、過去や未来と区別される「いま」として認識できるような時間性のもとで起きてはいない。「いま」はすでに起こった過去の事象と区別できるから「いま」なのであり、いつか起こるかもしれない架空の未来と区別できるから「いま」なのである。「いま」という時間意識は、フッサールに言わせると「私」が「私」として成立する起源でもある[16]。だから、ここで言う「事象」は、すでに起こったかもしれないと、いつか起こるかもしれないこととはっきり区別されない時間意識のもと、しかも、私と世界の区別がはっきりつかないような場所で起こり続ける。ひとが死んでゆく過程では、全身の緩慢な変化とともに、時間・空間・自己の輪郭がどこまでも不明瞭になっていく事態が生じている。

だが、着眼を少し変えてみると、このような事態が私たちの身体にはいつも生じているように見える。それが呼吸である。息を吸って、吐く。息を吸い込む過程と吐き出す過程は、そこに多少の注意を向ければ能動的に経験することができる。では、吸い込む過程が吐き出す過程に変換するその瞬間には、何が起こっているのだろうか。身体は膨らみもせず、縮みもしない。一瞬のあいだ、身体はどこにも向かわない状態にある。またその瞬間は、呼吸過程と区別される「私」が主体として存在するのでもないし、息が止まっている状態を「私」が経験しているのでもない。言い換えると、身体から距離のある「私」が意図的に息を止める状態を引き起こしているのではない。膨張する力と収縮する力がちょうど均衡し、しかも「私」がそれを積極的に引き起こしているのではないような状態が生じている。吸ってもいないし、吐いてもいない。身体とそれを取り巻く空気がその瞬間だけ動きを止める。しかも、息を吸い込む過程も、息を吐き出す過程も、つねにそこから始まり、そこへと帰ってくる。息を吸い込みもせず吐き出しもしない瞬間は、「いま」として経験されるにはあまりにも短く、そのため「私」の経験として成立することもない。こうしてみると、生きている身体には、呼気と吸気が入れ替わる「小さな死」の瞬間が内蔵されているのである。

身体に内蔵されている「小さな死」に着目すると、ニーチェの言う永遠回帰にも理解できる面がある。ツァラトゥストラが永遠回帰について語る直前の場面で、従者のように彼に寄り添う鷲と蛇がそれを示唆してこのように言っている。

一切は行き、一切は帰ってくる。存在の車輪は永遠にめぐる。一切は死に、一切はふたたび花ひらく。存在の年は永遠にめぐる。[17]

呼気と吸気が切り替わる「小さな死」の瞬間から見れば、身体は息を吸って吐くサイクルをひたすら繰り返している。呼吸において、「一切は行き、一切は帰ってくる」し、「一切は死に、一切はふたたび花ひらく」。息を吸って吐く過程こそは、私たちの身体に備わる永遠回帰の過程である。

ただし、これは呼吸が続いているあいだの話である。物理的な次元で身体が死を迎えるときには、死と同時にひとは「息を引き取る」のであって、それを超えて呼吸の車輪が永遠にめぐるようなことは起こらない。こうしてみると、呼吸が続いているあいだは永遠回帰に似たことが起こっているが、現実に死ねばそのサイクルもまた終わるように見える。

ニーチェは永遠回帰について、一方で生と死の経験に引きつけて語っているが、彼が論じるのは個体レベルの生と死だけではなく、この世界の生成と消滅が永遠に同じしかたで回帰するという点である。


ああ、わたしたちはあなたの教えることを知っている。それは、一切の事物が永遠に回帰し、わたしたち自身もそれにつれて回帰するということ、わたしたちはすでに無限の回数にわたって存在していたのであり、一切の事物もわたしたちとともに存在していたということです。[18]

世界を構成するあらゆる出来事はすでに何度も同じしかたで生じていたし、今も同様に生じているし、現在の世界が消滅してもまた新たに始まる世界においてあらゆる出来事が繰り返し生じる。同じ世界が生成し、消滅し、同じしかたで回帰する。このような見方は、個別の身体に着目するかぎり理解できない。それでも永遠回帰の世界観をニーチェが語るのは、神によってこの世界が創造されたというキリスト教の創世神話を彼が否定しているからである。ニーチェにとって、世界がどのように始まり、また終わるのかという問いは、キリスト教の世界観に代えて答えを与えねばならない問いだっただろう。聖書の世界観では、この世界を創造したのも、この世界に終末をもたらすものも、ともに神だからである。キリスト教を否定する以上、世界の始まりと終わりという問いに答えなければ、完成した世界観を与えたことにならない。

しかし、身体について考えるにとどまる本書にとって、身体の始まりと終わりはともかく、世界の始まりと終わりは問いの範囲外である。ものごころがついたとき、この身体とともに私は存在したし、この身体が死によって消滅するときに私もまた霧消していくだろう。個別の身体が誕生する前の世界や身体が死滅した後の世界について考えることは、本書の課題ではない。形而上学的な世界観としての永遠回帰は本書が扱う範囲を超えている。もちろん、個別の身体が滅びても、個別の身体を生かしていた「いのち」それ自体は、この身体の以前にも存在したし、この身体が消滅しても残るだろう。ただ、こうした集合的な生命の見方は、「永遠回帰」という世界観にすぐには結びつかない。

いずれにせよ、考察を終える前に確認しておきたいことがある。それは、「反復」という主題が身体論から出てくるであろうということである。身体について考えていくと、その終局としての死について考えざるを得なくなる。そして、死にゆく過程について考えていくと、「私」の個体性、「いま」という時間性、「ここ」という空間性について、見方の変更が生じる。ニーチェの言う永遠回帰は死の問題と切り離せないだけでなく、永遠回帰には、一切が繰り返し生起する「反復」という主題が含まれている。後の章で検討することになるが、反復という主題は、実存主義の元祖であるキルケゴール、二〇世紀の実存主義に大きな影響を与えたM・ハイデガー（一八八九〜一九七六）、ポスト構造主義を代表する哲学者だったG・ドゥルーズ（一九二五〜一九九五）らにとって、思索すべき重要な問題だった。身体、生、死について考えるとき、「反復」という概念で考えるべき課題が残されるようなのである。さしあたりこの点を序章では確認しておきたい。「反復」という主題について、詳細は第3章で再び論じることにする。

本書の構成

本書は『身体と魂の思想史』と題する。ここで言う「魂」は、広く「心」「精神」「魂」などと文脈によって使い分けられる「心的なもの」を指している。すでに述べたとおり、本書は二〇世紀に開花した身体の思想を、とくに心的なものとの関連で形成された「心身論」を中心にしてふり返り、私たちの身体が置かれている現在と、これから向かおうとしている近未来を展望する試みである。全体の構成は以下のとおりである。

第1章では、フロイトの精神分析に始まる思想を「身体」という観点に沿って跡付ける。フロイトが着目したヒステリーの症状まで遡って彼の着眼を読み解き、彼が「無意識」という概念でとらえようとした現象を改めて「身体」という観点から理解し直すことを試みる。また、神経生理学的に見てもフロイトの主張に根拠があったことを指摘し、フロイトの考えた「自我とエス」という対が、身体論として見ると「外部身体と内部身体」という対として理解できることを明らかにする。

第2章では、精神分析家として出発し、後にフロイトから決別して独自の性理論を構想したW・ライヒと、彼に始まる身体療法（ボディサイコセラピー）の思想をたどる。ライヒは、精神分析と性を共産主義革命につなげることを夢想していたが、現代につながる真に重要な論点はそうした性─政治理論にあるのではなく、「性」を「聖」に結び直すことにあると指摘する。

これら二章に続き、二〇世紀なかばから後半に展開した実存主義と現象学の系譜に沿って心身論の思想を跡付ける。第3章で取り上げるのはサルトルを始めとする実存主義である。精神分析が「性」に沿って身体を見出したとすると、実存主義は「死」に重ねて身体を見出したといえる。この章では、サルトルの実存主義をキリスト教の人間観と対比して明らかにし、先に「反復」として取り上げた論点について再考する。

第4章では、現象学から始まったより現代的な心身論の展開を追う。取り上げるのはメルロ＝ポンティである。メルロ＝ポンティの身体論は、身体性が欠落したまま「心」の解明にいそしむ認知科学に根本的な変革を迫るものだった。「身体図式」をめぐる彼の思想を読み解きながら、身体を取り戻した身体性認知科学が示している新しい心の見方を解説する。

続く第5章以降では、より現代的な観点から身体について考察する。特定の思想家に依拠するよりもむしろ、身体をめぐる現代的な現象そのものに迫ることが残り二章の課題である。まず第5章で取り上げるのは「身体イメージ」の問題である。身体イメージは、心と身体のあいだで、さらには自己と他者のあいだで成立する現象として、現代人の生きづらさを集約して見せてくれる概念である。私たちは身体イメージの内実に沿って、自己の身体がいかに付き合いにくい存在であるかを見ることになる。

最後の第6章では、急速に進展する脳神経科学との関係において身体をとらえる。現代の神経科学では、身体もまた脳内の神経過程に解消できるかのような「脱身体」と呼びうる議論がしばしばなされる。だが、この見方は神経科学の研究をつぶさに見れば間違っている。脳に関連する科学と技術を通じて私たちが接近しつつある近未来は、「脱身体」というより「拡張身体」であることを明らかにする。

本書は、副題を『「大きな理性」の行方』としてある。「大きな理性」はもちろんニーチェから借りた言葉である。先に見たとおり、ニーチェは身体なき近代的理性に対して、身体を取り戻した「大きな理性」が重要であると説いた。本書が、とくに第4章以降の後半でとらえようと試みているのは、「大きな理性」として現代が回復した身体あるいは心身の行方である。身体性認知科学の展開を検討すると、新しい心の見方として「身体と環境のあいだに拡がる心」という見方が浮上してくる。これに呼応して、第5章では、自己と他者のあいだ、あるいは社会的次元に拡がる「身体イメージ」の問題を追い、他者と共存することの真の意味を問うている。さらに最終章では、「あいだに拡がる心」に呼応する概念として「拡張身体」を提示し、この概念に沿って私たちの心身が向かおうとしている近未来を論じている。読者には、私たちの身体の現在地を確認するとともに、本書に沿って「大きな理性」の行方を想像していただければ幸いである。

第1章

精神分析における身体

——フロイトの洞察

ヒステリーの症状を追う

視覚障害、腕や脚の麻痺《まひ》、吐き気、意識の混濁、神経痛、咳《せき》、顔面の痙攣《けいれん》、全身の痛み、幻覚的なイメージ、胃痛、息切れ、頭痛、歩行不全。これらはすべて、ジークムント・フロイト（一八五六〜一九三九）の初期の著作『ヒステリー研究』（一八九五年）に登場する症例で記述されているヒステリーの症状である[1]。ひとつひとつを見れば、脳内または末梢神経でなんらかの損傷が生じていると考えたくなるだろう。フロイト自身にしても、ウィーン大学の生理学者E・ブリュッケのもとで動物の神経系の研究に従事した後で臨床医になったのだから、神経系の損傷に由来する器質性疾患として理解できるならそうしたことだろう。実際、ウィーン総合病院に勤務していたころの若きフロイトには、神経病理学の専門家として活躍したエピソードも残されている。例えば、全身の痛みと手足の冷感を訴え、他の医師たちが診断名をつけることのできなかった患者を診察し、当時としては珍しい「急性多発性神経炎」の診断を下している[2]（末梢神経の複数箇所がランダムに障害され、身体のさまざまな部位に感覚鈍麻や痛みが生じる疾患）。つまり、神経系に由来するように見える症状の原因を神経系それ自体に求めるという観点を、初期のフロイトは保持していたのである。

だが、これらの症状を「心因性」として、つまりなんらかの心理的原因によって生じるものとして理解することで、フロイトは「精神分析」を確立する足場を得ていくことになる。個別に見れば神経系の損傷に由来すると思われる各種の症状について、(a)**患者の身体に生じる複数の症状をまとまったものとしてとらえる**、また、(b)**心理的原因によって引き起こされた症状として理解する**、という二つの着想のもとで「ヒステリー」という病理概念が形成されていく。着想(a)は、初期の「急性多発性神経炎」の診断エピソードにもすでに萌芽的に表れているようにも見えるが、着想(b)はどのように獲得されたのだろうか。

そもそも、一九世紀後半は、心の機能を脳部位に対応させて理解する脳機能局在論が確立され、実質的に広まっていった時期にあたる。心が脳に宿っているという考え方を一般に強く流布した議論として、解剖学者F・ガルとその弟子たちが広めた「骨相学」が知られているが、ヨーロッパで広く骨相学が流行したのが一九世紀前半である（ちなみにガルが活動の拠点としたのもフロイトと同じウィーンだった）。ガルは心的能力が二七に区別され、そのそれぞれの能力が対応する脳部位を持ち、そのエリアの頭蓋骨の隆起と陥没に反映されるとした[3]。この主張は流行が過ぎるとともに疑似科学として退けられることになるが、一般市民を巻き込んで脳機能局在論が流布する重要な契機になったことは注目しておくべきだろう。

一九世紀なかばから後半にかけて、近代的な精神医学を確立した人物の一人であるW・グリージンガーが登場し、精神病を「脳病」とする見方を広めていく[4]。こうした歴史的な流れの中、失語症研究を通じて脳機能局在論が学界で支配的な見方を確立していくことになった。一八六一年にはP・ブローカが、発話に障害の見られる患者（言葉の意味を理解できているように見えるが「タン、タン」としか発話できなかった）の死後に脳を解剖し、左下前頭回《ひだりかぜんとうかい》の損傷を発見する。この部位が発話運動を司ると考えられ、「運動性言語中枢（ブローカ野）」とされた。また、一八七四年にはC・ウェルニッケが、発話機能は保たれているものの言語の聴取と理解に障害がある患者の脳を研究し、左上側頭回《ひだりじょうそくとうかい》から中側頭回《ちゅうそくとうかい》、角回《かくかい》、縁上回《えんじょうかい》に広がる損傷を見出している。この部位は言語を聴取し理解する活動を司ると考えられ、「感覚性言語中枢（ウェルニッケ野）」と呼ばれるようになった[5]。

興味深いのは、『ヒステリー研究』を出版する前のフロイトが、最初の著作で失語症を研究対象としていることである。『失語症の理解にむけて』と題する一八九一年の著作で、フロイトはブローカ以降に進展した脳機能局在論に依拠する失語症研究の還元主義的傾向を批判している[6]。本論文で彼が丁寧にたどっているのは、言語を聴取し発話するという高次の心的活動をともなう現象を、たんに神経系の局所的な活動のみに依拠して説明することはできないという見解である。結論末尾でフロイトはこう述べる――「局在という要因が失語に対してもつ重要性は過大に評価されてしまったために、言語装置の機能的条件について再び考えをめぐらすのが妥当であろうと思われるのである」[7]。フロイトの詳細な伝記を残したP・ゲイは、本書に言及して、より端的に「神経学者たちに囲まれながらも、フロイトは、心理的な結果には心理的な原因があるという考えに傾いていった」[8]と評価している。

心的現象には固有の複雑さがあるのだから、脳内の局所的な神経過程に還元して説明するべきではなく、心理的な原因に沿って理解すべきである。脳研究がいまだ黎明期にあった当時からすれば、この考え方はとても自然なものに思える。ただし、冒頭に列挙したさまざまなヒステリーの症状は、むしろ神経系に由来する身体的なものに見えるだろう。こうした症状もまた心理的な原因から説明すべきであるとするなら、言語活動のように複雑な心的現象であることが自明に見えるものを超えて、四肢の麻痺や吐き気や息切れなど身体的なものまで含めて、「心的現象」を拡大する観点をフロイトは採用したことになる。なぜなのだろうか。
フロイトは心的現象をヒステリーの症状に拡大する足掛かりを「**心的トラウマ**」という観点のうちに見出している。以下は『ヒステリー研究』からの引用である。

私たちの見るところ、ヒステリーの症状は、神経系にトラウマとして影響を与えた興奮の作用および残余である。もともとの興奮が解除反応や思考の仕事を通じて取り除かれている場合は、そのような残余は残らない。ここではもはや、量（測定できるものではないとしても）を考慮しないわけにはいかない。興奮の総量がその量に応じて外に向かう行為として使われなかった場合、神経系に到達した興奮の総量が持続的な症状に置き換えられるような過程を理解せねばならないのである。ヒステリーにおいてはトラウマに伴う「興奮の総量」のうち相当の部分が純粋な身体症状に変化する、ということを私たちはしばしば目にしている。ヒステリーを心的影響として把握することをこれほど長く妨げてきたのも、ヒステリーに備わるこのような特性なのである。[9]

トラウマとは、解消できないほど強烈かつネガティヴな情動とともに生じた体験である。フロイトによると「驚愕、不安、恥、心的苦痛といった苦しみをともなう情動を引き起こす体験」は、すべてトラウマになりうる[10]。もちろん、ひとは誰であれ驚愕や不安や恥を日常生活のさまざまな場面で体験するが、たいていはその後ポジティヴに事態が経過することで忘れ去っていく。例えば、幼い子どもが学校の級友たちの前で何か失敗をやらかして大恥をかいたとしても、家に帰って親にありのままを話してそれが肯定的に受容されれば、トラウマになることもなくやがて忘却されていくだろう。

だが、ネガティヴな情動をともなう体験の中にはやっかいな場合もある。右の引用によると、「もともとの興奮が（中略）思考の仕事を通じて取り除かれている」ことも、「興奮の総量がその量に応じて外に向かう行為として使われ」ることも、難しい場合がある。過去の類似する体験と比べて本人の中で情動が自然に収束していくなら、思考の仕事によって興奮が排出される場合にあたるだろう。また、本人が当の経験にまつわる思いを表出し、それを周囲が十分に受け止めてくれるなら、興奮の総量が行為として使い尽くされることになるだろう（例えば、ある経験を思い出して泣き叫んだとしても、それをしっかり受け止めてくれるような誰かがいる場合）。しかし、過去の記憶に比べるべきものがない場合や、体験のインパクトが強烈すぎて安易に表出できないような場合、興奮が十分に消化されないまま全身に残存して神経系へと影響を与え、ヒステリーに見られる広範囲の身体的な症状を引き起こすのである。

筆者の見るところ、フロイトは心的現象の複雑さをとらえるため、現象学で言う「生きられた身体（lived body）」に着目している（「生きられた身体」は第4章でより詳しく取り上げる）。ひとは自らの身体とともにさまざまな状況を生きている。生きられた身体においては、主観的な心的過程と客観的な生理的過程は分断されておらず、さまざまな出来事が同じ身体に生じる具体的な経験として生きられている。例えば、気合を入れてバッターボックスに立ち「さあ来い」と構える野球選手は、全身に力がみなぎっていくのと同時に、心臓が高鳴って体が緊張するのを感じることだろう。これは主観的に経験される心的過程である。しかし観点を変えて客観的に観察すれば、視床下部《ししょうかぶ》の指令によって交感神経が活発化する、副腎皮質から放出されたアドレナリンが全身に流れる、それに連動して心臓の鼓動が早くなる、血圧が上昇する、筋肉の血管が開く、呼吸が激しくなる、といった生理的変化が生じているのを見出すことができる。二つの過程が同じひとつの身体で生じているのである。

　フロイトが指摘しているのは、心的トラウマの場合、「生きられた身体」において体験される負の情動が強烈すぎて受け流すことができず、あるいは適切な環境のもとで十分に表出することができず、全身に興奮が残存してしまうということである。そのような場合、主として心的に体験された情動のエネルギーが神経系の全体に興奮として滞留することで、全身の身体的な症状を引き起こすのである。この観点には、先に指摘した着想(a)「**患者の身体に生じる複数の症状をまとまったものとしてとらえる**」がより理論的に洗練されて含まれるとともに、着想(b)「**心理的原因によって引き起こされた症状として理解する**」も含まれている。ヒステリーはいわば、ひとが自らの身体とともにある過酷な状況を生きた後で、その全身に残される刻印なのである。

抑圧されたものの回帰

フロイトはさらに、(b)**心理的原因によって引き起こされた症状**という着想について、ある体験が心的トラウマとなり身体的症状を引き起こす過程を、「**抑圧**（Verdrängung）」と「**転換**（Konversion）」という概念によって明確にとらえられると考えた。関連する箇所を引用する。

類似する事例の分析から、ヒステリーに新たに罹患《りかん》するにはある心的条件が不可欠であることを私はすでに知っていた。すなわち、ある表象が意図的に意識の外へと抑圧され、連想の過程から除外されてしまうという条件である。
私はまた、この意図的な抑圧に、それが全体的なものであれ部分的なものであれ、興奮量の転換の根拠を見る。心的連想に入ることを妨げられた興奮量は、それだけによりたやすく身体的な神経支配へと通じる間違った回路を見出すのである。[11]

フロイトによると、通常の場合、一定の情動をともなう体験はエピソード記憶として保存され、いちど忘却されたとしてもその記憶表象は保持されており、さまざまな機会に想起され語られる。だが、体験にともなうネガティヴな情動が強過ぎる場合、その記憶表象を想起できる状態に保っておくほうが当人の意識にとっては危険になるため、体験の記憶は意識の外へ追い出され本人にも想起できない状態になり、「連想の過程から除外されてしまう」。つまり、それを想起して言葉にし、誰かに語ることで、体験の情動的なインパクトを和らげることがもはやできなくなるのである。その場合、元の体験の記憶表象は心の作用である「連想」という過程に入ることが許されない状態になり（＝**抑圧**）、心身全体に残った興奮は神経系へとその進路を変更し（＝**転換**）、神経が支配する全身に影響を与え種々の症状を引き起こす。こうなると、本人はもともとの記憶をたどることができないのだから、どうしてそのような症状に襲われるのかわからないまま、神経系に由来するように見える各種の症状に苦しめられることになる。

ケーススタディとして、『ヒステリー研究』に収録されている一件の症例を取り上げてみよう。カタリーナという名のその女性は、年齢は一八歳ぐらいで叔母の経営する山小屋の給仕として働いているが、二年前から不安発作にともなう突然の息切れに悩まされている。突然やってくるその症状は複合的で、さまざまな身体部位の変化を巻き込んで起こる。「最初、両目が押さえつけられたみたいに感じて、頭がすごく重たくなり、ゾワゾワして耐えられなくなるんです。それからめまいがして倒れそうになり、胸が押しつぶされて息ができなくなるんです」[12]。発作が起こるときには、恐ろしい形相でこちらを睨む顔のイメージも浮かぶのだという。フロイトはこの症状が若い女性の性をめぐるトラウマに起因するものであると直感し、症状に悩まされ始めた二年前に何が起こったか語るよう本人に促した。

そして本人の口からは次のようなストーリーが語られる。二年前、カタリーナは叔母の夫がいとこのフランツィスカと暗い部屋で性交している場面を偶然目撃してしまった。その光景が彼女を激しく動揺させ、右に引用したような耳鳴りとめまいをともなう息切れを引き起こした。このとき、カタリーナは性交の意味をはっきり知っていたわけではなかった。だが、この光景にはさらに二年前に起こった別の体験が文脈を与えていた。ある冬の日に叔父と遠足に出かけ谷間《たにあい》の宿に泊まったときのこと。先に眠り込んだ彼女のベッドに叔父が潜り込んできたため、彼女は叔父の体を感じて驚いて飛び起きたのだという。また他方で、叔父がフランツィスカと暗がりでいっしょにいる場面を見たのは今回が初めてではなく、以前にも少なくとも二度は類似する場面を目撃していた。つまり、カタリーナにとって、たんに叔父とフランツィスカの性交を目撃したことがトラウマになったわけではない。四年前に叔父に襲われその「体を感じた」ときのショックが、度重なる性交の目撃体験によって文脈を与えられ、トラウマとして完成してしまったということなのである。

なお、この症例は診療所にやって来た一般的な患者のものではない。フロイトが出かけた休暇先の山小屋でたまたま働いていたのがカタリーナで、フロイトが医師であることを知って自ら相談を持ちかけてきたのである。そのことも手伝ったのだろう、フロイトはカタリーナの告白をすべて聞き、彼女の顔つきに生気が戻って症状が軽快したことを確認した後で、症状の意味を読み解く謎解きの言葉を本人にはっきりと告げている――「あなたが部屋を覗き込んだときあなたが何を思ったのか、私にはもうよくわかっている。あなたはこう思ったんだ――おじさんは、あの夜と、また別の機会に私にしたいと思ったことを、いま彼女にしている――。あなたは、あの夜に目を覚まして彼の体を感じたときの感覚を思い出したから、嫌悪感をもよおしたんだ」[13]。

カタリーナは暗がりでの性交を目撃したとき、息が止まるほど驚き、見聞きすべきでないことを見聞きしてしまったように感じるとともに、その光景から、思い出したくなかった過去の体験を想起してしまった。症状はこうした点を意味深く反復している。彼女はヒステリーの発作に襲われると、「両目が押さえつけられたみたい」になり「頭がすごく重たく」なり「ゾワゾワして耐えられなく」なってめまいを感じ、「息ができなくなる」のである。症状はもちろんつらく苦しいものだが、その一方でカタリーナはこの症状によっていわば守られてもいる。というのも、症状に悩まされているかぎり、自分の身に起こったトラウマ的体験を改めて想起してそれを直視しなくていいし、息が止まるような驚愕を再び体験しなくてもいいからである。フロイトも「**防衛**」という言葉を用いてヒステリー症状を記述している。

さて、具体的な症例を見たうえで先の引用に戻ると、「抑圧」と「転換」という概念は次のように理解されるだろう。通常の体験はそれが少々強い情動を引き起こすとしても、体験のエピソード記憶が表象として保持され、思い出して他人に語ったり自分自身の別の体験と比べてみたりすることで情動の成分が徐々に弱められる。しかし、あまりに強い負の情動がともなう体験は、生体に一種の防衛反応を引き起こして、意識の外へと追放される。フロイトは先の引用で抑圧を「ある表象を**意図的に**意識の外へ追い出す」作用としているが、明確な意図がなくても抑圧が生じる場合はある。トラウマ体験はそもそも本人にとって選択の余地のない耐え難さをともなうからトラウマになるのであって、その記憶表象の抑圧は、本人が意図するかどうかにかかわりなく勝手に生じることのほうが普通であ

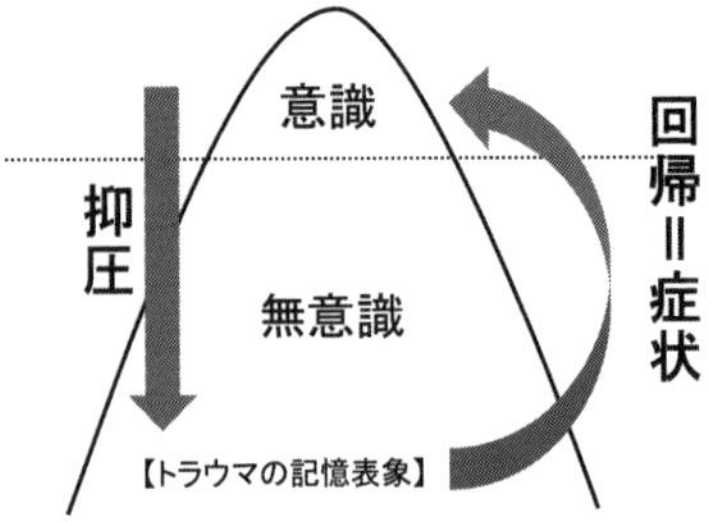

図1—1：ヒステリー症状と抑圧

ろう[14]。いずれにせよ、抑圧された記憶表象は、通常の体験のように意識的に想起して自然に連想を広げることができない無意識の領域へと追いやられる。

ただし、トラウマ体験にともなっていた情動のインパクトが抑圧によって消え去るわけではない。想起できない表象として無意識へと追いやられたトラウマの記憶は、情動のエネルギーをともなったまま無意識に渦巻いている（これが「複雑に絡み合ったもの」という意味を持つ「コンプレックス」である）。この情動にともなう強い興奮が「連想」という心的通路を通って解消されないとき、神経系が支配する**身体的通路へと進路を転換して**ヒステリー症状になって回帰してくるのである。

ところで、「転換」という概念については理論的な観点から補足を加えておくほうがいいだろう。フロイトはヒステリー研究を手がける前に失語症を扱っており、その症状の複雑さを理解しようとする過程で「心的現象」を神経過程に還元できないとの着想を持ったことはすでに説明した。この点で、フロイトにおいて「心」は、神経系が支配する身体的過程からもともと一定の距離のある言語的なものとして暗に理解されていると言える。すなわち、フロイトにとっては、**さまざまな体験が言語化され、自由な連想のもとで記憶表象と情動が処理される過程が「心的なもの」である。**一方、このような過程とは異なり、「興奮」という言い方でエネルギー的に連動しながらも有意味には結びついていない生理的過程が「身体的なもの」である。そのため「**転換**」とは、もともと別々である心と身体のあいだで、有意味で質的な連関を持つ「心的なもの」が、量的かつ生理的な「身体的なもの」へと変換されることを意味する。つまり、心身のあいだに相関を認める緩やかな心身二元論がフロイトの理論的枠組みである。

しかし、「生きられた身体」の概念のもとで先に指摘したとおり、ひとは自らの身体とともに個別の状況をそのつど生きている。フロイトが患者を理解する際に重視していたと思われる「生きられた身体」という観点に忠実に見るなら、状況に反応して連想とともに進展する心的過程と、状況に埋め込まれた身体の内部で進展する生理的過程は、互いに絡み合っていて区別できないはずである。むしろ、心的トラウマになるような強い負の情動をともなう体験は、意識できない水準へと追いやられたまま、つまりその体験を自覚的な言葉にできないまま、生理的過程のみが身体レベルで進行してしまう状態である。これは厳密に言うと、心的なものが身体的なものに「**転換**」されているということではない。むしろ、心的なものから「**切断**」された状態で、身体の生理的過程のみが状況への反応をなかば機械的に繰り返しているということである（現代の精神医学で言う「解離」に近い）。意味のある言葉として語れないまま、身体が、トラウマを生み出した状況で体験した反応を幾度も繰り返してしまうこと。いわば、情動の渦に巻き込まれたまま状況の記憶を身体が引きずってしまう状態がヒステリーの症状なのである。

身体症状としての強迫神経症

トラウマによって身体が特定の状況に釘づけにされてしまう。フロイトが初期に確立したこのような見方は、後年、ヒステリーからその他の神経症へと精神分析の治療対象を拡大していく過程でも維持されている。トラウマを体験した状況に患者の心身が居着いて抜け出せないまま症状を反復してしまうことを精神分析用語では「**固着**」と呼ぶが、固着は神経症の理解においても重要な鍵になる観点である。『精神分析入門講義』（一九一七年）でフロイトが言及している強迫神経症の事例を参照しながら、このことを確認しておこう。

今では主要な病名として使われることのなくなったヒステリーに比べて、強迫神経症は現代の読者にもなじみのある病名であろう。抑えがたく突き上げてくる衝動を一般に「強迫（compulsion）」と呼ぶが、強迫神経症とは、自分でもその馬鹿馬鹿しさや不合理さがわかっていながら、強迫的な行動（強迫行為）がやめられなかったり、強迫的な考え（強迫観念）を頭の中で繰り返してしまう病である。いわゆる「潔癖症」はよく見られる強迫神経症の一類型である。例えば、外出先で電車の吊革やドアノブに触れると、それが汚れているわけでなくても何か汚いものに触れたような気がしてしまう。細菌やウイルスが付着していたらどうしよう、そんなはずはないと頭で打ち消すことはできても、触れるたびごとに手を洗わないと気が済まない……。このような症状を呈する。実際、二〇二〇年のパンデミックをきっかけに、強迫的に手を洗浄しないと気が済まなくなる強迫神経症のような症状を経験した人も多いだろう（もっともこのときはウイルスに感染する恐怖が実在したのではあるが）。

フロイトが記述している事例はもっと劇的——症状が劇《はげ》しいという意味だけでなく、芝居がかっているという意味で劇的——である。患者は三〇歳近い婦人で、奇妙な強迫行為に悩んでいた。彼女は、自分の部屋から隣の部屋に駆け込み、部屋の中央にあるテーブルそばの特定の場所に立って呼び鈴でメイドを呼び寄せ、どうでもいいような仕事を言いつけたり、あるいは何も言いつけることなく引き取らせてから、自分の部屋に戻っていく。このような奇妙な行動を、本人もわけがわからないまま一日に何度も繰り返してしまうのである。

分析が進行するうちに本人の口から語られたのは次のようなトラウマの体験だった。婦人は一〇年以上前にかなり年上の夫と結婚したのだが、その初夜の営みがうまくいかなかった。夫は何度も自分の部屋から彼女の部屋に駆け込んできて、繰り返しセックスを試みようとするがすべて失敗に終わった。勃起不全だったのである。翌朝、彼は腹立たしげに言った——「こんなことではメイドの前で恥をかくことになる」[15]。そう言いながら、夫は部屋に置かれていた赤インキの瓶をつかんで、中身をシーツの上にこぼして意図的にしみを作った。ところがその赤いしみは、初夜の営みの後につくべき位置にはつかなかった。

婦人の症状は、奇妙にも夫への心理的同一化をともなって現れている。自分の部屋から隣の部屋に駆け込んできて、テーブルのそばに立ってメイドを呼び寄せる。しかも、このときに彼女が立つ位置にも秘密があるらしい。治療の過程で婦人はフロイトをテーブルわきに連れて行き、そのテーブルかけについている大きなしみを見せた。婦人が決まって同じ位置に立ってメイドを呼びつけるのは、メイドの目にそのしみが必ず目に入るようにするためなのである。

フロイトによると、彼女の強迫行為の核心はここにある。仕事をメイドに言いつけることに意味はない。そうではなくて、**しみをメイドに見せつけること**に意味があるのだ。初夜の翌日、メイドが寝床をかたづけるときに夫は恥をかく必要はなかった。夫はインポテンツではなく、夫婦の初夜の営みは成功裡になされ、翌朝ベッドのシーツにはその証拠として赤いしみが残された。つくべきところにつかなかったので立ち位置を工夫しないと見えないかもしれないが……。

この強迫行為の症状が結婚初夜の状況への固着に由来するものであることは言うまでもないだろう。患者は何のためにこのような行動を繰り返してしまうのか、分析治療が進展するまで自分自身でもよくわかっていなかった。ただ、とにかくその奇妙な行動を実践することで、潔癖症の患者が手洗いをすれば一時的に安心するのと同様に、かりそめの満足を束の間得ることができるだけだった。分析過程で症状に関連する体験の記憶が不意に蘇ったことで、結婚初夜に夫婦を襲った忌まわしい出来事を否定するとともに夫をかばおうとしていたことが、患者自身にもフロイトにも判明したのである。

この事例によく表れているように、神経症の症状には意味がある。フロイトはこの事例に言及した講義の中でこう述べている。

症状の意味は、私たちも学んできたように、患者の体験との関係のうちにあります。症状の形成が個人的であればあるほど、私たちはより一層このつながりを確立することが期待できます。そこで課題となるのは、無意味な観念や無目的な行動に対して、その観念が正当なものでその行動が目的にかなっていた過去の状況を見つけ出すことです。[16]
神経症の症状に意味があるとするフロイトの洞察は、本書の観点からすると次のように整理できるだろう。ひとは「生きられた身体」とともにさまざまな状況を体験しているが、人生には時折きわめてネガティヴな情動を引き起こす出来事が生じる。そうした出来事は体験にともなうショックが大きすぎて、本人はそこから適度な距離を取ることができず、体験の意味を言葉にして消化することもできなければ、他人に語って伝えることもできない。このように、エピソードとして語りえない「**表象不可能な体験**」に襲われると、身体はそのショックを忘れることができず、いつまでも覚えている。
しかも、たんに覚えているだけではない。例えばカタリーナの身体は、一方で、暗がりで性交を目撃した際のショックや叔父に襲われた際のショックを覚えており、症状が起こるたびに恐ろしい形相で睨む顔のイメージが浮かんだり、息が止まりそうなほど息苦しくなったりする。しかし他方では、その光景を再び想起しなくてもいいよう、両目が押さえられたようになったり、耳鳴りやめまいとともに倒れ込んでしまったりもするのである。また、メイドを呼び出す行動を繰り返してしまう婦人は、なぜそんなことをしてしまうのかわからず困惑する一方で、テーブルかけにしみが正しくついていることにこだわることで、忌まわしい結婚初夜の失敗を否定しようともしている。

つまり、神経症患者は、トラウマになった出来事が過ぎ去った後も、その出来事が起こった状況で体験したショックを全身で反復する一方で、**有意味な次元でその出来事に向き合わなくて済むような代理物**として症状を経験している。もちろん患者の身体は、一方で、出来事を想起して言葉にし、記憶表象にまとわりついている情動を表出することでトラウマから解放されることを願っているだろう。だから身体はトラウマの情景に固着するのである[17]。しかし他方で、記憶にともなうネガティヴな情動のエネルギーが大きすぎて明瞭な意識を保ったまま想起することができず、当時と同じ状況を「反射的に生きる」ことしかできない状態に陥っている。患者は、想起も表象もできないまま、過去の出来事の中に釘づけにされた身体を生きているのである。

だとすると、患者の身体は、トラウマに引き裂かれながらも、なお過去を清算して未来へと向かおうとしているからこそ神経症の症状を呈していると言えるだろう。**身体は、過去を封印することより未来の可能性を拓くことを欲している**。実際、患者は、分析家に媒介されることでトラウマとのあいだにしかるべき距離を作り、それを想起し、体験を言葉にして語り、自分自身の人生の一部として位置づけられるようになると、症状から解放されていく。私たちはここに、症状を通じて表出する「大きな理性」としての身体のはたらきを見るのである。

神経生理学的に見る精神分析

ところで、フロイトが治療対象とした神経症は、運動麻痺や知覚障害のように体性神経系との関連を示唆する症状だけでなく、動悸、めまい、吐き気、腹痛、息切れなど、自律神経系の機能異常を示唆する症状も多分に含んでいる。その一方でこれらの症状は、患者の個人史的な背景に由来する情動的要因を色濃く反映するものでもあった。歴史的に見ると、精神分析が先駆的に手がけた「心因性の身体症状」という着眼は、その後二〇世紀なかばにかけて、自律神経系と情動の相関から内科疾患を理解する心身医学の基礎づけにも影響を与えていった。例えば、心身医学の古典的な教科書を残したF・アレキサンダーは、教科書の随所でフロイトの精神分析の方法論的意義を力説している[18]。そこで視点を転換して、心身医学が「医学」として重視している神経生理学的知見を参照しながら、精神分析の見方について改めて検討してみよう。

日本の心身医学の草分けの一人だった池見酉次郎も、心身症の背後にフロイトが明らかにしたような心因性の要因があることを重視し、一九六〇年代に著された一般向けの解説書のなかで無意識のメカニズムについて神経生理学的な観点から説明を加えている[19]。現在の知見からすると古びて聞こえるが、池見の説明によると、無意識の作用はもともと意識に上りにくいものであって、脳領域で言うと古い皮質（旧皮質）の機能に対応する。この領域は一方で食や性をめぐる本能的な欲求（視床下部）、他方で情動の作用（辺縁系《へんえんけい》）とも深く関連しており、フロイトが「自我」「超自我」「エス」という三つの機構から成るとした心の構造のうち「エス」に対応する（なお、フロイトの言う「エス」はもともと彼が構想した「無意識」に由来する心的機構であり、不快を避けて快を求める快感原則に支配されている)。

エスに由来するさまざまな願望や欲求は、現実原則に沿って対応する機構である「自我」によって取捨選択され、適切に満たされたり、現実に沿って修正されたり、拒否されたりする。自我は意識的な人格の統合を司っており、大脳の新皮質のなかでも前頭葉の機能(現在では「実行機能」と呼ばれているもの)と深く関係するものである。トラウマに見られるような、心に痛手を負わせる体験は、新皮質で適切に処理できないまま古い皮質にのみ印象づけられて生体に記憶される(海馬の機能)。そして、そのまま新皮質が司る意識の側に浮上してこなくなる状態が「抑圧」である。それだけではなく、ネガティヴな情動に対する生体の反応、いわゆるストレス反応が視床下部に制御される自律神経系と内分泌系を介して全身に現れる。これが動悸や腹痛などの自律神経症状を引き起こす。なお、ラットを使った近年の実験ではストレス反応に連動して前頭葉から視床下部へとストレス信号が流れる神経回路が見出されており、六〇年代当時の見立ても的を外していなかったことがわかる[20]。

トラウマが引き起こす交感神経優位の状態が心理的な抑圧のメカニズムと連動して慢性的に維持されると、全身に複雑な症状を引き起こすことになる。自律神経は体性神経に比べて相互に絶縁されていないため、身体の広い範囲に影響が及びやすい。例えば、目のかすみ、口の渇き、発汗、喉の違和感、嚥《えん》下《げ》困難、動悸、息苦しさ、胃酸過多、下痢などが単独で現れたり複合して現れたりする。他方で、視床下部と下垂体《かすいたい》によって制御される内分泌系が副腎のアドレナリンを始めとする多種のホルモンを分泌して生体の機能を長期的に変えることになる(内分泌系の作用は複雑多岐にわたるのでここでは割愛する）。自律神経系の反応は、**神経症**の症状と合致して現れる場合もあるし、特定の器官に持続性の機能的変化や器質的変化をもたらし、**心身症**として現れる場合もある。十二指腸潰瘍《かいよう》、過敏性腸症候群、気管支喘息《ぜんそく》などは心身症として現れうる代表的な疾患である。

池見の見方を大枠で引き継いで考えるなら、次のような推論が可能である。トラウマとして経験されたネガティヴな情動的刺激（フロイトの言う「驚愕、不安、恥、心的苦痛といった苦しみをともなう情動」）と、自律神経系の作用を通じて意識下で維持されている生体の機能（これがフロイトの用語で言えば「無意識」にあたる）とのあいだに、**独特の連合**を生み出すメカニズムが存在すると考えられる。この種の連合の回路が生体内でき上がるとき、本来統合されている「生きられた身体」の心的過程と生理的過程が**切断**され、自律的な生理的過程の側でトラウマの身体的反応が**固着**を起こしてしまうのである。内分泌系についてはいわゆるストレス学説がこのような連合を一部説明してくれるのだが[21]、池見も指摘しているとおり、神経系については条件反射研究が示唆を与えてくれる。この点について、さらに踏み込んで考察しておこう。

周知の通り、条件反射はロシアの生理学者Ｉ・パブロフ（一八四九～一九三六）によって見出された。イヌは一般にエサを与えられると唾液を分泌する。唾液の分泌は副交感神経の作用によるもので、その中枢は延髄《えんずい》にある。食物を口に入れることが刺激になって生得的な反射が引き起こされ、唾液が分泌されるのである。パブロフは、エサを運ぶ研究員の足音に反応して実験用のイヌが唾液を分泌するのに気づいて条件反射の実験を着想したといわれる。イヌにエサを与える際、ブザーの音を聞かせてからエサを与える試行を繰り返したところ、イヌは最終的にブザーの音を聞いただけで唾液を分泌するようになったのだった[22]。

これは、ブザーの音という条件刺激に対して唾液の分泌という条件反応が連合したということであり、両者の連合は「条件づけ（conditioning）」として説明される。やや角度を変えて見てみると、条件づけには興味深い連合が隠れている。耳で受け取られたブザーの音は大脳皮質の聴覚中枢で処理される意識的な知覚である。これに対して、唾液の分泌はもともと皮質下の延髄を介して引き起こされる無意識的な、つまり意識的な制御をともなわない生得的反応である。両者のあいだに連合が生じるということは、**意識的な知覚と、自律神経系によって制御される無意識的な反応とのあいだに、一定の回路を人為的に形成できる**ことを意味する。

この点について、心理学でよく知られている別の条件づけ研究を取り上げて考えてみよう。行動主義心理学の提唱者であるJ・ワトソン（一八七八～一九五八）は、条件反射の発見に刺激を受けて赤ちゃんを被験者として実施した条件づけ実験の成果を一九二〇年に発表している。通称「アルバート坊やの実験（little Albert experiment）」と呼ばれる情動反応の条件づけ実験である[23]。ワトソンによると、子どもは大音量の音を聞くと驚きと恐れに満ちた反応を示すが、これは生得的な無条件反応である。ワトソンは、生後一一ヵ月の赤ちゃんアルバートに実験用のネズミを見せ、彼がネズミに強い関心を示して遊ぼうとする反応を確認した後で、恐怖反応の条件づけを試みた。アルバートがネズミと遊ぼうとして触れるたびに、金属の棒をハンマーで叩いて大音量の音を鳴らして繰り返し聞かせたのである。

このような手続きを経て条件づけが成立すると、アルバートはネズミを見るだけで、顔を歪め、泣き出し、体を背けて遠ざかるという恐怖反応を示すようになった。それだけではない。恐怖の対象がネズミ以外にも拡大し、ウサギやイヌ、毛皮のコートさえもアルバートは忌避するようになった。条件反応と結びつく条件刺激が、ネズミの知覚という直接的な条件刺激だけでなく、それを連想させる他の対象へと**汎化**《はんか》（一般化 generalization）したのである。

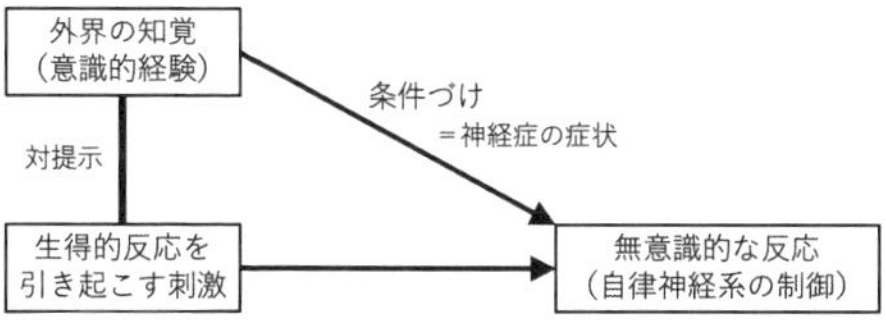

図1―2：条件づけと無意識

お気づきのとおり、この実験は、心的トラウマの体験と類似する構造を含んでいる。赤ちゃんにとって、最初ネズミを知覚することはとりたてて恐ろしいことではなかった。しかしそこに不快な大音量の金属音が繰り返し与えられることで「ネズミを知覚すること＝恐ろしいこと」という体験の文脈が形成され、ネズミを目にするたび自分には制御できない恐怖反応が全身に生じることになったのである。しかもこの反応は汎化をともなっており、もともとネズミとは無関係だがネズミを連想させるその他の対象にまで、恐怖反応を引き起こす刺激が拡大している。

つまり、図1―2に見られるように、生体にはもともと意識的な制御をともなわない生得的な反応があるが（唾液が分泌される、驚愕反応を示す等）、このような無条件反応を引き起こす刺激（エサ、大音量の金属音等）が特定の対象（ブザーの音、ネズミ等）と対提示されることで、特定の対象によって引き起こされる条件反応へと変化する。この変化は、対提示される対象を取り巻く文脈や場面とも強い相関を持っており、例えばネズミを連想させる他の動物の知覚や、ネズミがいそうな場面の知覚へと汎化が進めば、神経症のような恐怖反応を生体に引き起こすことになるのである。

現在の神経生理学では、動物を用いた研究から恐怖反応の条件づけを制御する脳領域についても多くのことが明らかにされている[24]。恐怖記憶の形成や想起には、ネガティヴな情動の処理全般に関与する扁桃体《へんとうたい》が中心的な役割を果たしている。また、場所や状況を含め、恐怖反応が引き起こされた文脈の学習には海馬の機能も必要である。恐怖条件づけが成立したマウスの脳では、電気ショックに関連づけられた光や音の刺激が与えられると扁桃体が反応し、扁桃体からの投射を受けた中脳中心灰白質《かいはくしつ》が全身のすくみ反応を引き起こし、同様に外側《がいそく》視床下部が血圧の上昇を引き起こす。

また、全身のすくみ反応には末梢神経も独自の役割を果たしていることが指摘されている。「ポリヴェーガル理論」を提唱するS・ポージェスによると、トラウマにおける生体反応では、交感神経だけでなく副交感神経の一種である迷走神経が重要な役割を果たしている[25]。進化的に見ると、迷走神経は哺乳類で発達した有髄性迷走神経と、爬虫類や魚類とも共通の無髄性迷走神経とに区別される。トラウマ的状況で全身がフリーズする反応に関与するのは無髄性迷走神経である。安全が脅かされる状況に置かれた生物は、基本的には交感神経優位の状態になって「闘争または逃走（fight or flight）」反応を示すが、この状態でさらに脅威が増すと無髄性迷走神経が作動して「不動化（freeze）」が引き起こされる。カメが頭と四肢を引っ込めてじっとする状態や、トカゲが死んだふりをして背景に溶け込んでやり過ごす状態など、有髄性迷走神経を持たない爬虫類ではとくに不動化を観察しやすい。

もちろん、こうした反応回路は人間の体内にも残されており、トラウマ的状況で無髄性迷走神経が作動して不動化が引き起こされると、心拍数の減少、血中酸素濃度の低下、脳の酸素欠乏、意識の低下など、一連の症状が起こりやすいという。トラウマの現象学的研究を進めるY・アタリアも、トラウマ的状況においてひとは自己の身体へのコントロールを一時的に失い、その場で全身が固まってしまって何もできなくなる不動化に似た主観的経験（「行為主体性の喪失（loss of agency）」）がしばしば生じることを記述している[26]。

これらの研究をふまえて考えると、フロイトの洞察は神経生理学的に見ても根拠があったと考えてよいだろう。強烈でネガティヴな情動をともなうショッキングな出来事を体験すると、ひとはその出来事の最中に知覚したこと、あるいは出来事が生じた場所や状況と、全身に生じた反応とを結びつけて学習してしまう。出来事は言葉にして語ることができない「表象不可能な体験」になるとともに、その状況に関連する知覚と、自律神経系によって制御される無意識的な反応とのあいだに一定の回路が形成されるのである。学習される無意識的な反応には、交感神経優位の状態に特有の動悸、息苦しさ、発汗、めまい、不眠、イライラ感などだけでなく、無髄性迷走神経に由来する全身の凍《い》てつき、すくみ、無呼吸、意識低下なども含まれる。

ここでいう「学習」はもちろん「体が覚える」ようなしかたで生じるが、一般的な手続き記憶（自転車の乗り方のように身体がものごとの手順を記憶すること）のように、たんに身体運動の手順が全身に定着するということとはやや異なる。汎化の現象が物語っているとおり、出来事の直接的な記憶だけでなく、その出来事を連想させるような他の対象や状況もまた、無意識的な全身反応としての神経症症状を引き起こしうる。例えば、海水浴場で溺れそうになった経験を通じて恐怖反応の条件づけが成立した人なら、海だけでなくプールや温泉や水族館、海洋生物の魚や海亀といったものへと、恐怖反応を引き起こす刺激が拡大しうる。フロイトは症状の誘因となる対象を「**象徴**」と見て、当の対象を文字どおりのものに限定するのではなく、主に性的なものをめぐる象徴の理論を発展させている[27]。フロイトの象徴論にはここでは立ち入らないが、神経症の症状を引き起こす刺激が「連想」という心のはたらきを通じて元の体験から拡大しうる点については留意しておいていいだろう。

内部身体と外部身体、エスと自我の弁証法

すでに多少言及した通りフロイトは、初期のヒステリー研究では主に「意識—無意識」という局所論に沿って心をとらえていたが、後に「自我—エス—超自我」という構造論に沿った心の見方を発展させている。論文『自我とエス』（一九二三年）で、フロイトは抑圧されたものを過度に重視して無意識をとらえる見方を修正し、「あらゆる抑圧されたものは無意識的であるが、無意識的なもののすべてが抑圧されているとはかぎらない」[28]と述べ、一方で「自我」の一部分に無意識的なものが含まれること、他方で抑圧されたことがなくもともと無意識的なものがあることを認めている。ここで前者に

あたるものが「超自我」、後者にあたるものが「エス」という概念で位置づけ直されるのである。

エスは、不快を避けて快を求める快感原則に従って作動する心の部位である。本能的なものの源泉であり、そのつど生じる欲求、衝動、感情などを、手段を選ばず実現しようとする傾向を持つ。これに対して、超自我は幼少時の両親のしつけを通して内面化された規範や道徳を代弁する心の部位で、自我に向かって「〜せよ」「〜するな」という命令や禁止を発する。内面化された社会規範に沿って、受容できる体験とそうでない体験を選別する基準でもあるため、苦痛な体験の記憶を受け入れ難いものとして自我に抑圧させる作用を担う部位でもある。自我は、エスに由来する本能的な衝迫と、超自我に由来する命令や禁止の圧力とのはざまで、与えられた現実に対して適応的な行為を計画、選択、実行する役割を担う部位である。

ところで、現実に適応する自我のはたらきを、フロイトが身体およびその脳内の神経表象に基盤を持つものと見ていたことはよく知られている。この点を指摘するうえで、『自我とエス』の次の箇所がしばしば引用される。


自我は何にもまして身体的な自我であり、これは単に表面的な存在であるだけでなく、表面が投射されたものでもある。もしもこの解剖学的な類推を求めるならば、手っとりばやいのは解剖学者のいう「脳小人（Gehirnmännchen）」と同一視することだろう。脳小人は脳の皮質において逆立ちし、かかとを上に伸ばし、後ろを見ており、よく知られるように言語領域を左側に持っている。[29]
自我の役割が現実に適応するための**具体的な行為**を実現する点にあることを重視するなら、自我はまさに、知覚された情報にもとづいて個別の運動指令を遂行する脳内のホムンクルス（小人）のようなものとして考えることができる。右の引用で彼が「脳小人」と呼んでいるのは、後にW・ペンフィールド（一八九一～一九七六）が見出した感覚ホムンクルス（図1―3左）と運動ホムンクルス（図1―3右）に対応する[30]。脳は、身体表面から入力される触覚的な感覚情報を受け取ってそれを表象しつつ（感覚ホムンクルス）、運動情報を出力して身体部位を動かすために必要な身体部位を脳内で表象している（運動ホムンクルス）。環境の中で適応的に振る舞うエージェントである自我は、もともと知覚された情報をもとに行為する身体に由来する自己であり（ちなみに「自我」と訳されるドイツ語はIchなので「自己」と訳しても意味上の違いはない）、体表面で生じる知覚と運動が脳内に投射されたところのホムンクルスは自我の「解剖学的類推」と言っても差し支えないということであろう。

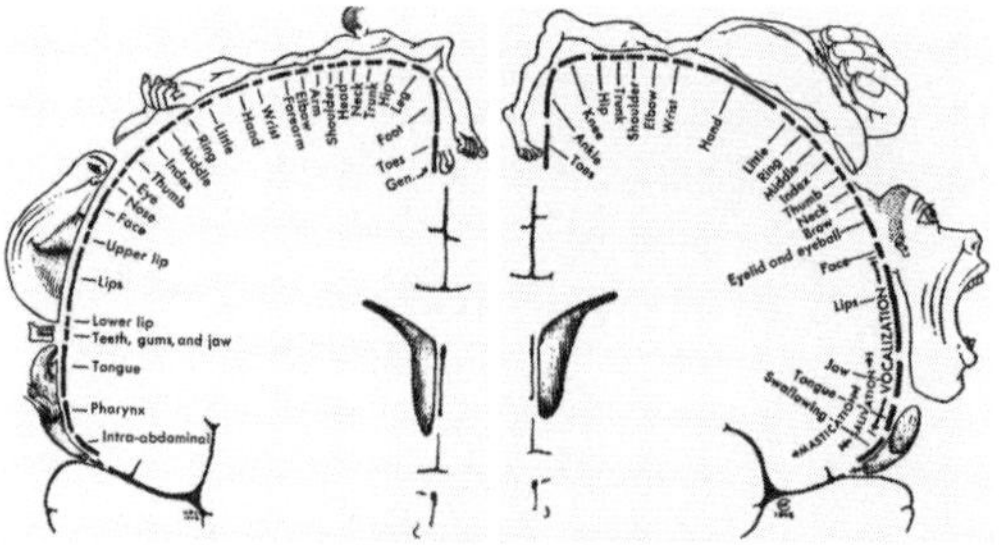

図１―３：脳の中の小人（Penfield & Rasmussen 1950）

興味深いことに、近年の神経科学の知見と照合してフロイトの精神分析理論を発展させる試みである「神経精神分析（ニューロサイコアナリシス）」を提唱するM・ソームズ（一九六一〜　）は、フロイトが自我だけでなくエスについても身体的基盤を対応させて考えていたと指摘している[31]。神経系のはたらきに即して見ると、脳が身体を表象するしかたには二通りある。ひとつは、触覚や視覚のように、体表面に近い外受容器を通じて作用する外受容感覚（exteroception）の情報にもとづく身体表象である。ひとは自己身体の表面に由来する触覚刺激にもとづいて、身体部位についての空間的情報を感覚ホムンクルスのような地図に脳内で統合している。この情報は他方で、視覚的に受け取られた身体部位の情報と頭頂連合野などで結合され、より多感覚的な身体の像へとまとめあげられる。この像がいわゆる「身体イメージ」である（厳密には身体図式と身体イメージを区別する必要があるが、両者の区別には第5章で言及する）。身体イメージを構成する情報は基本的に外受容器に由来するため、ソームズはこれを「**外部身体**（external body）」と呼ぶ。フロイトが自我の基盤に見出したのはこの外部身体である。外部身体はもちろん、運動野で表象される運動ホムンクルスを通じて運動指令を身体部位へと伝達し、適応的行動を実現しながら自我の実行機能に実質を与えている。

ソームズは外部身体と対になる身体表象として「**内部身体**（internal body）」と呼ぶべきもうひとつの身体を想定する。ひとの身体は、自律神経系の作用を通じて、まさに自律的にその生命機能を維持している。外気温が上昇すれば発汗を通じて体温を下げる、体内の酸素が不足するとあくびが出て自然と酸素が補給される、体内のエネルギー消費が進んで血糖値が下がり遊離脂肪酸が増加すると空腹を感じ始める、といった全身の反応がその例である。これらは、体温、呼吸、睡眠、食、性などと深く関係し、快―不快に始まって、各種の基本情動のメカニズムと連動している。例えば、空腹は内臓に由来する一種の不快感をともなうが、それは一方で食物の探索行動を促すとともに、他方で興奮や期待感のような原始的情動を全身に引き起こす。そして、食事を経て食欲が満たされると快と満足の情動が生じて探索行動が終了する。これは感情神経科学者J・パンクセップが「LUSTシステム（渇望システム）」と呼ぶ基本情動のメカニズムのひとつである。なお、ソームズとパンクセップはエス、情動、内部身体の作動メカニズムについて連名で論文を発表している[32]。

内部身体は、体内の自律的な調整機能として意識下にとどまりながらも、他方で必要に応じて「快―不快」という漠然とした主観的な感じを生み、そこに期待や満足、さらには不安、怒り、恐怖といった情動の色づけをともなう、明確だが原初的な意識経験を生み出す。脳内では、ホムンクルスが位置する皮質ではなく、深部の領域と関連が深い。快―不快という感じを生み出すうえで、脳幹に位置する中脳水道周囲灰白質《かいはくしつ》（ＰＡＧ）が重要な役割を果たしている。同じく脳幹の網様体賦活系《もうようたいふかっけい》は、全身の覚醒度合いに対応して意識レベルを上下させることに関わっているとされる。また、すでに述べたとおり間脳《かんのう》の視床下部は内分泌系と自律神経系のはたらきを調整する出力を担っているが、入力においても、血糖値、空腹、満腹、脱水、性ホルモンなどの受容体を備えており、体内からの情報が絶えず流入している部位である。また、外部身体が外受容器からの情報にもとづいていたのに対して、内部身体の経験を全般的に支えているのは、内臓を中心に分布する内受容器由来の内受容感覚（interoception）である。中枢では島《とう》皮質が内受容感覚をモニターしている。

このように整理すれば、ソームズが内部身体という概念で整理しているものがフロイトのエスに対応していることは明らかだろう。ソームズはフロイトの最晩年の遺稿『精神分析概説』の中に、エスの身体性に言及した箇所を見つけたと指摘し、引用している[33]。

外界から遮断されているエスは、自らに固有の知覚世界を持っている。エスは異常な鋭さをもって、自らの内部における変化、特に、快―不快系列の感覚として意識される本能の欲求緊張における動揺を感知する。もちろん、いかなる手段を通じて、いかなる感覚器官の助けによってこれらの知覚が生じるかを述べるのは難しい。しかし確かなのは、自己知覚――全般的な体感と快―不快の感情――がエスの中で生じるさまざまな事象を専制的な力で支配しているということである。エスは不可避の快感原則に従うのである。[34]

フロイトは、当時まだ判明していなかった脳や末梢神経との関連についてはここで言及していないが、快―不快と連動しながら自己調整する身体のあり方にエスの基盤を見ている。それはこの引用箇所からもよくわかる。とくに、彼が「自己知覚（Selbst-wahrnehmung）」としているものは、快―不快や情動と連動する内受容感覚に対応している。
つまり、ソームズが指摘しているように、「自我―外部身体」「エス―内部身体」という二つの身体的―神経的基盤をもとにして、フロイトは「心的装置」の作動原理を考えていたのである。「**心的**装置」とは言うものの、その実態は、快感原則と現実原則という二つの原則に従いながらダイナミックに絡み合って作動する**二つの身体**である。この点について、ソームズの議論を紹介する岸本寛史も「フロイトは、心的装置を、常に身体に埋め込まれたものと考えていた」[35]と指摘している。

以上の説明から、フロイトと精神分析の描く人間観が、生理的次元まで含めて深く身体的基盤に根ざしたものであることはよく理解できただろう。フロイトが当初「意識—無意識」として記述し、その後「自我—エス」として記述した心のモデルは、たんに心的なわけではない。その根底に「生きられた身体」への着眼があり、そこから派生する心的過程と生理的過程を包括して理解しようとするものだった。彼の着眼では、心的側面も生理的側面もともに含む「二つの身体」の系列、ソームズの整理で言う「自我＝外部身体」と「エス＝内部身体」とがあり、それぞれが現実原則と快感原則という二つの異なる法則性にもとづいて作動している。

すでに明らかなとおり、フロイトは単純に、「エス」＝本能的に行動する身体、「自我」＝抑制的に振る舞う理性という対立軸で人間をとらえていたわけではない。ひとはエスに備わる快感原則だけでは生きられない。食や性に由来する欲求を充足することだけを優先するエスは、社会的なものとして与えられる現実を前にして欲求の充足をしばしば妨げられる。欲求を選別し、どのように充足するか計画を立て、現実に合わせて行動を実現する自我の機能が必要である。ただし一方で、自我はひとたびエスから切断されると——とくにフロイトが「転換」と呼んだ仕方で切断されると——たんに現実を優先するだけの空疎な理性になるばかりか、時として神経症を病むことにもなる。身体に流れるエロス的なものとのつながりを絶たれ、ニーチェの言う「**小さな理性**」として振る舞う以上のことはできなくなる。

　フロイトが描いた「二つの身体」は、複雑に絡み合いながら全体として世界に生存しようとする心的装置であり、この点で「大きな理性」である。フロイトが心的トラウマの体験から見て取ったことは、強烈な情動をともなう苦しみの体験が抑圧されると、二つの身体のあいだで「切断」が起こり、「エス—内部身体」がネガティヴな情動にともなう全身の反応回路を学習してしまうということだった。精神分析的治療が実践しているのは、こうした学習を解消する再学習である。状況に固着した「エス—内部身体」を解放し、体験そのものを言葉にして語り、それを治療者と共有することで、「自我—外部身体」に再び結びつけて「二つの身体」の統一体としての「大きな理性」を取り戻すこと。表象不可能な体験を想起し、言葉にして語ることで、「自我—外部身体」と「エス—内部身体」の相剋的な関係は弁証法的な関係に転換する。**外部身体と内部身体のどちらかではなく、両者が弁証法を通じて止揚される過程こそ、フロイトの描いた「大きな理性」としての身体だった**のである。

第2章

性と聖を結ぶ身体

——フロイトからライヒへ、ライヒから現代へ

セクシュアル・レボリューション

ヴィルヘルム・ライヒ（一八九七〜一九五七）は忘れられた身体の思想家である。彼の死後七〇年も経とうかという今となっては、ライヒの思想を取り上げる論者はほとんど見かけない。私が彼の仕事に関心を持ったのは、各種のボディワーク（身体から心にはたらきかけるセラピー）を自ら実践し始めた一九九〇年代の中頃だったが、当時も彼の身体論をまともに扱ったものは少数しか見かけなかった。ライヒの思想はすでに「過去のもの」とみなされていて、思想系の雑誌で真面目に取り上げられることはまずなかった。むしろオカルト系の怪しげな雑誌で、彼が晩年に唱えた生命エネルギーである「オルゴン」が興味本位で取り上げられる程度だったと思う。

一九九〇年代当時ですでにこうした状況だったのも、もともとライヒが一九六〇年代から七〇年代にかけてカウンターカルチャーの文脈で重要な思想家としてもてはやされ、一過性のブームの中でその思想の内実が十分に理解されないまま消費され、その後急速に忘れられていったからだろう。流行として過剰に消費されるものほど、流行が去った後で取り合う人はほとんどいなくなるものである。

当時のカウンターカルチャーはさまざまな要素が絡み合って展開した、若者による文化変革運動だった。実際、東西冷戦やベトナムをめぐる反戦運動、フェミニズムや黒人公民権運動に見られる反差別運動、大学紛争とも深く連動していた新左翼運動、ドラッグやセックスの解放と結びついたヒッピー運動など、カウンターカルチャーは多様な側面を持ち、第二次大戦後に生まれ青年期を迎えた若者たちの熱情をエネルギー源として世界中に広まっていった。

このような社会的文脈の中でライヒがもてはやされるのは当然だっただろう。ライヒは精神分析の性理論とマルクス主義の両方を受け継ぐ数少ない思想家の一人だったからだ。この両者から影響を受けた同世代の思想家には、ライヒと同じくユダヤ系だったＥ・フロム（一九〇〇～一九八〇）もいるが、フロムのどちらかと言えば落ち着きと深みのある著作と比して（例えば主著『自由からの逃走』[1]を紐解いてみるといい）、ライヒの著作は言葉づかいも直接的で若者に響く生々しさを備えていた。

一九六八年パリの五月革命（労働者のストライキに触発された若者を中心とする民衆の一斉蜂起）のころ、学生たちのあいだで最もよく読まれていたのは、じつはマルクスではなくライヒの『セクシュアル・レボリューション』[2]だったと伝えられている。十分なオーガズムにもとづく性的満足が個人を神経症から解放するのと同じく、性的葛藤から解放された人々こそ権威主義に屈しない民主的な社会を築く礎である、というのがライヒの放った性・政治的主張である。性の解放と社会の変革をオーガズムに重ねて主張する彼のメッセージは、勢いに任せて体制を変えようとする急進的な若者たちにとっては魅力的に映る思想だったに違いない。

ただし、本章ではライヒの政治的主張を擁護することはない。『セクシュアル・レボリューション』は明らかに性の解放を共産主義革命に重ね合わせ一種の文化革命として目論む書物になっているが、筆者はこのような左派革命思想を支持しない。ライヒは、ブルジョワ家庭の保守的な性規範をたんに抑圧的なものとみなし、青年期の男女の自由な性行為をそうした社会的抑圧から解放するものとして肯定している。また、これにとどまらず、従来の家族制度もまた権威主義的な制度であって文化革命とともに解体すべきであると論じている。こうした革命色の強いライヒの政治思想は筆者には肯定できるものではない。この点には本章の最後で再度触れる。

もっとも、権威主義や社会的抑圧を排して社会を改革することはいつの時代にも必要であって、ライヒの革新的な政治的主張にも多少見るべきものはある[3]。しかし、それは「革命」として一挙に実現すべきことではなく、現状の社会をより良い方向に変えるよう漸近すべきことである。以下の論考から明らかになると思うが、ライヒと同じやり方で性と身体に取り組むことは、社会的抑圧の除去につながる面はあっても、共産主義革命を本来的に指向するような試みではないはずである。

「鎧」としての性格

そのようなわけで、本章ではライヒの政治的主張についてはさしあたり保留し、彼が科学者として正面から取り組んだ性と身体についての仕事を取り上げる。最初に彼の仕事の背景を成している個人史的要因を見ておこう。家族をめぐるライヒの個人的生はかなり悲劇的であり、その点で精神分析的でもある。

ライヒは、一九世紀末のオーストリア゠ハンガリー帝国で中流のユダヤ人農家に生まれた。若く美しい母親と権威主義的で嫉妬深い父親という両親の組み合わせは、思春期の彼を深く傷つけ苦しめる愛憎劇に巻き込んだ。ライヒが一二歳のころ、彼の家庭教師としてライヒ家を訪れていた青年と、彼の若い母親とのあいだで情事が生じたのである。

ライヒ思想の正負両面をとらえつつ詳細な描写を加えたＭ・シャラフによるの伝記[4]は、この一件を次のように伝えている。男性と女性が交わる場面への好奇心、美しい母親への変わらぬ愛着と裏切られたという嫌悪の気持ち、父親にばれないようにして母親を守らねばと思いつつも父親に事実を伝えなければという思い、これらが複雑に入り混じる葛藤を思春期のライヒは経験した。しかもこの情事は、ライヒがそれをほのめかしたこともあって後に父親の知るところとなる。嫉妬深かった父親は発覚後に妻を大いに責め、いたたまれなくなった母親はその後自殺で自ら生涯を閉じた。さらに、この結末にショックを受けた父親もまた、母の自殺の三年後に自ら肺炎をこじらせた果てに結核を患い、なかば自殺のようなしかたで世を去った。こうしてライヒは、青年期まっただ中の一七歳にして、きわめて悲惨なしかたで両親を失うことになったのである。

その後、一九一八年まで第一次大戦に従軍した後でライヒはウィーン大学に入って医学を学び、ウィーン精神分析協会にも参加した。性と家族をめぐる葛藤に由来する神経症を治療する精神分析に若いライヒが接近したのは、彼の個人史から見ればなかば当然の成り行きだった。ライヒは早速その才能をフロイトに認められ、フロイトが一九二二年に設立した精神分析診療所で二年後には副所長を務めるまでに至っている。フロイトとの協力関係はその後あまり長くは続かなかったが、この時期に彼が精神分析になした貢献は「性格分析」と呼ばれる技法と理論として残されている。

精神分析では患者の無意識に迫るさいに「**自由連想**」と呼ばれる方法を用いる。カウチに横たわり、心に思い浮かぶことを包み隠さず話し続けるというシンプルな方法だが、トラウマに由来する記憶が浮上してこようとするとたいていの場合はそこで連想が停滞する。ネガティヴな情動と絡み合った苦しみの記憶が浮上してくることへの**抵抗**が意識の側に生じるからである。連想の進展をはばむ抵抗はさまざまなしかたで表れる。患者は、何も思い浮かばないままただ不安になったり、何かを連想していてもそれを語りたがらなかったり、急にトイレに行きたくなったり、セッションに遅れてくるようになったりする。いずれにせよ、このような抵抗こそ症状に関連する重大な記憶と情動が浮上してこようとしている徴候だととらえ、精神分析ではこれに取り組む「抵抗分析」と呼ばれる過程が重視される。

図２―１：フロイトの診察室とカウチ（筆者撮影）

ライヒが注目したのは、分析過程で生じる患者の抵抗がもっと微妙なしかたで広範囲に見られる事実だった。患者の特徴的なあり方すなわち**性格**が、治療過程で浮上するネガティヴな情動に向き合うことを妨げるブロックとして機能しているという事実に注目し、抵抗分析の延長として「**性格分析**」と彼が呼ぶ技法と理論を発展させたのである。具体的にはこういうことである。例えば、怒りの感情を他者に対して表明することが苦手な患者は、過剰に丁寧かつ礼儀正しく振る舞うことで自己の内部にそうした感情がないかのように振る舞う（日本語で言う「慇懃無《いんぎんぶ》礼《れい》」に近い）。あるいは、自分の弱さを率直に認めることができない患者ほど、普段から強く攻撃的な態度を周囲に見せることで自己を保っている（「弱い犬ほどよく吠える」というのに近い）。

ライヒは、外側に表出する態度と一体になったこれらの性格特性が、フロイトの記述した幼児期のエディプス・コンプレックスに起源を持つものであると見る。すなわち、幼児（男児）は母親と一体化しようとする心理的かつ性的な願望を持つとともに、父親に対する嫉妬と敵意を経験する[5]。しかしこの状態が男児の心に強烈な葛藤を生じさせ、父親に去勢されるのではないかとの不安（去勢不安）を引き起こす。この葛藤は男児が父親に同一化するとともに抑圧され、個人の心に無意識を形成することで一時的に完了する。こうして無意識はエディプス・コンプレックスを中心に構造化される。これがフロイト流の発達理論なのだが、このような幼児期の抑圧を経験することで、男児は発達の次の局面へと歩み出すことが可能になる。

ライヒの考案した性格分析が発展させたのは、エディプス・コンプレックスにまつわる性的願望、去勢不安、葛藤などが意識に浮上してこないよう、自我を守る一種の「鎧《よろい》」として患者が発展させたものが「性格」である、という見方である。ひとの性格はたんに周囲に対して見せる振る舞い方のパターンなのではなく、自己自身の葛藤に満ちた家族的環境に適応するうえで発展させた習慣なのである。ライヒは次のように述べている。

所与の状況において、患者の性格はひとつの抵抗になる。その性格は日常生活において、あるいは、治療における抵抗として果たすのとよく似た役割を果たしているのである。それはすなわち、心的な防衛機構という役割である。それゆえわれわれは、外界に対抗するると同時にエスに対抗するところの自我の「性格の鎧」を問題にするのである。[6]
ライヒが患者の示す「抵抗」の延長線上に「性格」を位置づけたことに注目しておこう。抵抗は本来、患者が自らの無意識に直面するうえで分析し除去すべきものである。ライヒは性格を同じようなものとして見ているが、この点は彼自身の概念である**「性格の鎧**（charakterliche Panzerung）」という表現によく表れている。「性格」は、自我を守るための「鎧」として本人が無自覚に作り上げてしまったものであり、理想的には取り去るべきものである。というのも、どのような性格であったとしても、それはひとが自らの家庭環境に適応する過程で身につけざるを得なかったもので、エディプス・コンプレックスを中心とする無意識を形成し、神経症の症状を生み出す元になる「神経症的性格」だからである。
では、鎧としての性格を除去すると何の性格も残らなくなるのだろうか。ライヒによると、幼児期に形成された神経症的性格は、思春期の身体的成熟を経て青年期の心理的成熟とともに解消され、より成熟した性格に置き換えられるべきである。彼はこの段階の性格を神経症的性格と対比して「性器的性格（genitale Charakter）」と呼ぶ[7]。青年は幼児と違って、家庭内のエディプス的状況にもはや拘束されておらず、パートナーとの愛情に満ちた関係の中で自由に心理・性的な願望を表現し、性行為とオーガズムを全身で経験することができる。したがって、エディプス・コンプレックスに由来する抑圧によって、身体に流れる性的エネルギーを堰《せ》き止めることはもはや必要ない。適切な性的体験を経て性器的性格が達成されると、母親的人物への幼児的依存や、父親のような権威的人物に対する去勢不安から解放され、幼児的な自己愛を超えて他者を愛し、社会のために労働することができるようになるとライヒは言う。このような性器的性格を正しく備えた人々が民主的な社会を築くべきであるというのが、彼の性・政治的主張の根底にある見方である。

未分化な生命エネルギーへの着目

ここまで書くと、その後ライヒがフロイトと袂《たもと》を分かつことになったのも無理はないと読者も気づくのではないだろうか。ライヒもフロイトも性を入口として身体に着目したことに違いはないが、両者は治療を通じて目指すゴールが大きく異なっている。前章での議論を思い出そう。フロイトは、エスという「内部身体」と自我という「外部身体」が心的トラウマの体験によって引き裂かれ、両者が切断されている状態をヒステリーや神経症に見出した。精神分析の治療実践として彼が目指したのは、**トラウマ体験そのものを言葉にして語ること**で、状況に固着した「エス―内部身体」を心的水準で再現し、「自我―外部身体」との弁証法的関係へと置き直すことだった。

治療においてフロイトがこだわったのは**言葉**である。これは「転換」という彼の概念の立て方に顕著に表れている。フロイトは、本来ならば自由連想という心的過程に浮上してくるべき記憶表象が無意識に押し止められていることを「抑圧」ととらえ、抑圧されたものが身体の生理的過程に方向を変えて表出すると見立てて「**転換**」という概念を使った。ここからすると、精神分析の治療はあくまで、抑圧されて生理的回路としてのみ固着しているものを記憶表象として呼び出し、自由連想を介して言葉として表出させることに重点を置くものとなる。したがって、心が操る言葉と連想の世界に生理的・身体的過程を再転換させることに治療の意義がある。ヒステリーに取り組む以前のフロイトが失語症研究に従事していたことを思い出そう。彼は、失語症を神経生理学的過程に還元して理解することが困難であると直観したため、言語が構成する「心」を脳から独立のものととらえたのである。「転換」の概念はフロイトに残る心身二元論的な見方を反映している。

一方ライヒはというと、言葉で表現することや、記憶表象そのものを連想の中に取り戻すことに必ずしもこだわっていない。ライヒがもともと「抵抗」の延長線上に「性格」を見出したのは、一人ひとりの患者が見せる独特の振る舞い方、すなわち身体的な表現のパターンにあった。彼が分析過程で着目したのは、先のシャラフによると、「軽蔑的なまなざし、当惑した微笑み、もぐもぐと低く語る声、非常に抑制がきいた振舞いなどの非言語的な抵抗」[8]である。こうした非言語的抵抗は、患者本人にとっては長い年月をかけて培《つちか》ってきた「性格の鎧」になっており、本人もまったく気づかないままに表出している身体的徴候である。ライヒはこれに気づかせるべく、患者の前でしばしばこうした態度を再現してみせたという。つまり、本人の身体表現をモノマネして提示することで、それが無意識の表出に対する非言語的な抵抗として機能していることに気づかせようとしたのである。

こうした鎧を脱ぎ去ったときに患者が表出するものは、別人がそこに顕現するような一種の**演劇**になる。過度に礼儀正しく振る舞うことで自己の内部にある怒りの感情に向き合ってこなかった患者は、何かが取り憑《つ》いたかのように怒りを爆発させるだろう。強く攻撃的な態度で自分の弱さを隠していた患者は、人が変わったかのように泣きながら幼少時に傷ついた経験を語り始めるだろう。「性格の鎧」は、かつて心的トラウマが発生した状況に由来し、そのときに経験した苦しみを再び感じないで済むように形成されたものである。したがって、その鎧を脱ぎ捨てることは、かつてトラウマを経験した状況を全身で再現するような演劇的なものになるのである。言い換えると、ライヒがこだわっているのは、「エス―内部身体」と「自我―外部身体」が**トラウマによって引き裂かれる以前に全身で経験されていた情動の自由な流れ**なのである。

フロイトの理論は、動物的な本能に由来する快感原則に沿って作動するエスと、社会的な規範と道徳を取り入れ現実原則に従って作動する自我を、二つの別々の実体として見ようとする傾向が強い。また、自我によってエスをいわば飼い慣らしていくことに、人間が動物的な「未開」状態から離れて文化を形成したことの意義を見出している。この点は彼が晩年に著した『文化の中の居心地悪さ』[9]で詳しく論じられている。フロイトにとって、自我とエスが分裂していなかった状態を取り戻せると考えるのは未熟な幻想にすぎない。原野を開拓して耕作地に変えていくように、エスに対して言葉というメスを入れて対話的関係を構築し、自我を建て直すことが重要なのであり、精神分析もまたそうした文化的営為の一環に他ならない。「自我―外部身体」と「エス―内部身体」の弁証法的な対話は、固着したエスに鬱積するエネルギーを解放しながらも、最終的には揺るぎない自我を作り上げていく方向へ進んでいくべきものである。

筆者の見るところ、こうした両者の治療観の違いは、「エディプス・コンプレックス」をめぐる理解の違いに由来する。フロイトによると、幼児が経験するエディプス的状況での父親と母親をめぐる葛藤は、最終的に「父なるもの」と自分を同一視することで社会的な規範を受け入れ、「善いこと」「悪いこと」「してもよいこと」「してはいけないこと」の一連の区別を身につけるとともに、母親とのエロス的かつ幻想的な一体感を断念していくことに意義がある。女児の場合は男児とはやや異なるものの、「父―母―子」という三項関係の中で「父から愛される母親」と自分を同一視することで、いわば自覚的な女の子らしさが形成されるというのがフロイトの見方である。いずれにしても、性別をめぐる社会規範を受け入れることで幼児的なナルシシズムが断念される点に、フロイトはエディプス・コンプレックスの意義を見出している。

言い換えると、心の中で社会的行為についての命令と禁止を担う部位である「超自我」は、エディプス・コンプレックスを通じて形成され、以後、母親との幻想的な一体感を無意識へと抑圧するようになる。その一方で、自我は、超自我によってエスから分離されることで、たんに本能的でエロス的な願望に突き動かされるのではなく、現実原則に沿って社会に適応して振る舞うことができるようになるのである。フロイトはここに、動物が発展させることのなかった人間的な文化の起源を見て取った。『自我とエス』の中でもフロイトは、エディプス・コンプレックスが、無力な状態で生まれて両親の庇護がなければ生存できない**人間という種に固有の経験**であり、幼児期にこの経験を持つことで初めて「自我」を持つことができると論じている[10]。

したがって、フロイトにとっては「自我―外部身体」と「エス―内部身体」とがトラウマをめぐって弁証法的に止揚されることが重要であるとはいえ、その表現は「超自我」という規範的なものによってつねに媒介されたものにならざるを得ない。治療過程で患者の自由連想として体験されるものは、基本的には治療者にも伝わる「言葉」として文化的な表現が与えられて初めて治療的価値を持つ。したがって、患者の語りは「言葉にして語ってもよいもの」「言葉にしてはいけないもの」という社会規範による取捨選択を経ており、ライヒが重視した全身的な情動の自由な流れに接近しつつも、語りとして表出する言葉は必ずそこから一定の距離を保っている。精神分析は、無意識に対して言語的表現を繰り返し与えることで、トラウマに由来する情動的葛藤の扱い方を自我が学習していく過程なのである。

だが、ライヒが着目しているのは「性格の鎧」を着込むことで安定した自我になる**以前**の状態である。「超自我」が媒介することで「自我」と「エス」に分離される以前のもの、超自我という規範的なものによって媒介される以前のもの、心的過程として言葉や連想へと形を与えられる以前のもの、社会・文化的な規則によってはっきりした意味が与えられる前に経験されていた情動的なものであり、つまりは、**いまだ心とも身体ともつかない未分化な生命エネルギーの塊**なのである。

治療の現場において、このような生命エネルギーの塊は、明瞭な意味を持つ言葉として表出するとは限らない。意味を持たない叫びやうめき声、はっきりした行為にならない身体の動き、表情のこわばりや震えなど、患者自身もその意味がわからないまま**パフォーマンス**として表出するしかないものを多く含んでいる。これらのパフォーマンスは一見すると治療的価値を持たないように見えるかもしれない。だが、心的トラウマが生じた状況の記憶がありありと想起される中で全身のパフォーマンスを患者自身が自覚的に表出するとき、それは十分に治療的な価値を持つ（フロイトの前で症状を再現してみせた強迫神経症の女性患者の例を思い出すとよい）。トラウマから回復していく過程は、**状況の創造的な再現**という演劇的過程を往々にして含むのである。

加えて、ライヒの考えでは、エディプス・コンプレックスによって心身全体が「自我―エス―超自我」という心的装置として構造化された後になっても、心身全体の未分化な力動――未分化だからこそ心身全体を統合する作用を持つ――を表すものが「**オルガスムス能力**（orgastische Potenz）」である[11]。ライヒは、オルガスムス能力を理解できない者は「最も重要な基本原理を欠いているため、自然対文化、本能対道徳、セクシュアリティ対社会的成果の対立にこだわり続けざるを得ない」[12]と述べている。この指摘は示唆的である。フロイトにとっては、エディプス・コンプレックスによって形成された自我を、エスと超自我との対話的関係を通じてより十全たるものに確立していくことが重要な目標だった。しかしライヒの見方では、エディプス・コンプレックスによって形成される自我は「性格の鎧」によってエスから分離された状態に甘んじている。「性格の鎧」を脱ぎ捨てることで、本能と道徳、自然と文化、性と社会が矛盾するのではなく、より高い次元で統合される過程が生じる。それをもたらすのが成熟したオルガスムスの経験であると見ているのである。

オルガスムスの現象学

ライヒは、単なる射精や膣性オーガズムの経験と区別して「**オルガスムス能力**」という概念を用いている（以下では、ライヒの原著であるドイツ語表記を優先する場面では「オルガスムス」という言葉を用い、一般的な性体験の一部を指す場面では英語からの訳語である「オーガズム」という言葉を用いる）。この能力を考えるうえで、事実としてオーガズムを体験しているかどうかは必ずしも重要ではない。というのも、現実の性行為を通じて「いく」ことを経験したとしても、それが「性格の鎧」を捨て去って「性器的性格」を実現することに直結するわけではないからである。性器的性格の形成に資するようなオーガズムを経験できるかどうかが重要であるという意味で「能力」をライヒは問題にしているのである。彼は次のように記述している。

それ「オルガスムス能力」は、いかなる制止からも自由な状態で生物学的エネルギーの流れに自分を明け渡す能力である。すなわち、不随意で悦びに満ちた身体の痙攣を通じて、蓄積された性的興奮を完全に放出する能力のことである。神経症者でオルガスムス能力を備えている者は一人もいないし、大多数の男女の性格構造は神経症的である。[13]

ここから理解できるのは、体内で抑制する力がかからない状態で「性的興奮を完全に放出する」ことが重要だということである。フロイトの病理的記述と見比べると、ライヒの記述はまさにその陰画（あるいは陽画）になっている。フロイトが記述したのはヒステリーや神経症の症状であり、それらの症状の背後には性と家族をめぐる苦悩の記憶が見出されるということだった。心的トラウマの記憶を取り戻し、それに言葉を与えることは、いわば治療としてマイナスをゼロに戻す営みである。ライヒはここにとどまるのではなく、ゼロに戻った心理・性的な健康をプラス側に推し進めた状態を念頭に置いて「オルガスムス能力」を論じている。現実に神経症に苦しんでいるわけではない男女であっても一皮剝《む》けば神経症的な性格構造をしており、それを取り払ってさらなる健康を実現するにはオルガスムス能力が必要である。本能と道徳、自然と文化という二分法を超えた人間に成長するには、完全なオーガズムの体験がなくてはならない。

とはいえ、理想的なオーガズムについて右の引用のようになかば生理学的な言葉で描写するのは容易だが、現実の性行為の場でこれほど純粋なオーガズムを経験するのは難しいだろう。むしろ、理想的なオーガズムを妨げる次のようなさまざまな事態が生じるほうが普通ではないか。自分のオーガズムを相手に見られることに抵抗感がある、性的な興奮と快感が体内で高まってゆく過程に自己をゆだねることに恐怖を感じる、性行為中の相手の挙動のほうが気になって自己の身体的変化に集中できない、相手と自分の興奮が高まっていくプロセスがうまく同期しない、快感の高まりが期待したほどではなくて性行為に没入できない、性器の興奮だけが先走ってすぐに果ててしまう、等々。

ライヒ自身は理想的なオーガズムをどのように考えていたのだろうか。彼の主著『Die Funktion

des Orgasmus（オルガスムスの機能）』を参照しながら、重要な要因を検討しておこう。
⑴ **性器に集中できる状態の準備。**性行為が始まる前の段階で、相手の身体とのあいだで官能的に高め合う過程が始まっていなければ、性器的興奮は十分に高められない。先のシャラフはこの段階を「パートナーにたいするやさしくて感覚的な心の動きの溶け合い」[14]と描写しているが、ライヒも強調しているのは、相手の身体がたんに即物的なセックスの対象とみなされるだけの状態に陥ってはならないということである。
性行為にまつわる人々の語りには、サディズムやマゾヒズムまでいかないまでも、それをほのめかす表現がいくつも含まれている。例えば、「〇〇と何度も**やった**」「〇〇を**いかせた**」「〇〇に**やられた**」といった表現は、自己の身体と相手の身体を「征服する—される」という関係に沿って見ていることを示唆している。このような関係は、身体間の関係を官能的に高め合うことから程遠い。もちろん一方で、「征服する—される」という一種の乱暴な心理がまったく働かないまま、二人の人間が性行為に至ることも現実には少ないだろう。ベッドに入る前の段階で、ひとは互いに魅惑されることを経験しているのであり、その時点で心理的に「征服する—される」という関係は双方向的に働いている。
ただ、ここでの焦点はそうした前段ではない。挿入前の前戯の段階で互いの性器的興奮がオーガズムに向かって十分に高められているかということである。自分の快感を達成するための手段として相手の身体を扱う態度や、逆に、自己の身体を相手にゆだねるだけで、自己の身体を相手の道具にしてしまう態度に陥ることも避けねばならない。
(2) **挿入とリズミカルな摩擦**。ライヒはこの段階にもいくつかの心理的な歪曲が生じうることを指摘している。例えば、勃起する能力のある男性であったとしても、それがナルシシズム的偏向を受けている場合は「挿入の欲望」につながらないという。逆に、強迫神経症的性格を持つ男性患者はしばしばサディスト的な傾向を持ち、女性を突き破ろうとするような挿入へと駆り立てられてしまうという。女性では一般に、自己の身体を相手にゆだねる受動性が多く見られるが、これもマゾヒズム的な病理に近く、強姦されるという空想に由来するとライヒは指摘している。
こうした偏向を避けて性器的興奮が互いに十分に高められていれば、快感と興奮はペニスの挿入とともに急激に増大する。男性側は挿入するだけでなく吸い込まれるという受動的な感覚を持ち、女性側もまた挿入されるだけでなくペニスを吸い込むという能動的な感覚を持つ。挿入後、緩やかで、自然で、無理のないリズミカルな摩擦が互いの性器を中心にして生じ、快感の知覚に注意が集中していくとともに、性器的な興奮が全身へと広がっていく。

ライヒはこの場面についてとても興味深い事実を指摘している——「もっとも能力に恵まれた男女の場合、摩擦がゆっくりとやさしいものであるほど、また、より緊密に同期しているほど、快楽の感覚はより強いものになる」[15]。きっとそういうものなのであろう。性器の接触の強度は快感には比例しない。性器的な官能が事前に高められていれば、繊細な結合と摩擦の感覚のほうがより強くひとの全身を強烈な快感に巻き込むのである。

(3)興奮の高まり・絶頂から全身への反転。リズミカルな摩擦とともに快感が高まってゆくと、興奮の増大を意識的にコントロールすることはできなくなる。むしろ逆に興奮と快感の波が身体全体に広がり、呼吸が大きく激しくなり、脈拍も早くなる。肉体的興奮は性器に集中し、性器と骨盤の筋肉組織の全体が不随意的な収縮を起こす。この収縮は、ペニスの出し入れのリズムとともに波状に起こり、波の時間的間隔が短くなるとともに絶頂（アクメ）へと進んでいく。アクメは男性においては射精として、女性では膣の収縮として生じるが、どちらも加速する快感と興奮の絶頂で起こる。これ以上ない感覚的強度の経験であり、一時的な意識の消失をともなう。

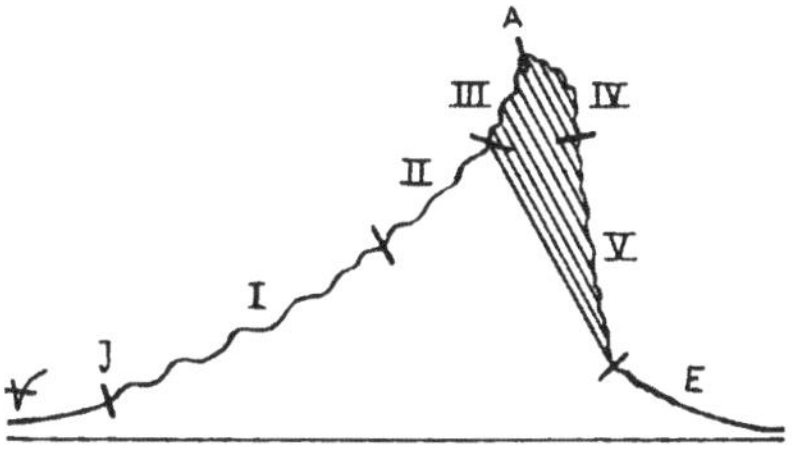

図２―２：ライヒによるオーガズム経験の図[16]

　アクメを境に、全身の興奮の流れは方向性を変える。絶頂へと向かって性器に集約していた興奮は解放され、逆に全身へと向かって発散される。安心と満足感が心身全体へと広がり、心地よい疲労感に包まれる。性行為をともにした相手へのいたわりや感謝の気持ちがしばしば生じてくる。

　以上の過程を、ライヒは著作のなかで図示（図2―2）している。ここで(1)とした身体的官能の高まりが図中のⅠ、(2)で興奮の高まる過程が図中Ⅱ、アクメは図中のポイントAで、これを境に興奮の流れが性器から全身へと反転する。

　ところで、フランス語でオーガズムを「小さな死（la petite mort）」

と呼ぶ俗語表現があるが、この言い方はアクメにおける一時的な意識の消失をよくとらえている。性行為における絶頂の経験は、意識によって表象することが不可能な「それ自体の経験」という他ない。

ライヒの着想がここでもフロイト的な病理記述の陰画（あるいは陽画）になっていることに注意しておこう。フロイトが記述したヒステリーや神経症もまた、患者にとっては表象不可能な経験だった。だがそれは、経験された心的トラウマが恐怖や苦痛に満ちていて、ネガティヴすぎるために距離が取れず、意識によって表象できないままそこに心身が固着してしまうという事態である。ライヒが記述したオーガズムは、フロイトが探求した神経症的症状の起源とはまさに対照的に、表象不可能なほどポジティヴな経験、心身全体の解放としてひとに与えられる極上の経験という意義を持つものなのである。ライヒの見方では、完全なオーガズムをパートナーとともに実現する能力を備えた成人は、幼児期のエディプス・コンプレックスに由来する「性格の鎧」を脱ぎ捨て、神経症とは無縁の「性器的性格」を獲得した成熟した大人なのである。

「性格の鎧」から「筋肉の鎧」へ

すでに指摘したとおり、ライヒの探求した身体はフロイトとは違って、心身全体の未分化な力動、未分化だからこそ心身全体を新たに統合し直すような作用をもたらす力動である。ライヒの探求は、性器やオーガズムだけでなく、文字どおりひとの心身の全体へと押し広げられてゆく。彼の言う「性器的性格」はオルガスムス能力によって支えられるものだが、現実のオーガズム体験は決して性器だけで実現されるわけではない。深く激しく波打つような呼吸、骨盤周辺の筋肉の収縮、アクメ後に広がるリラクセーションなど、全身を巻き込んで生じる生々しい体験であり、一種の身体表現である。
ライヒは精神分析の実践を通じて患者の観察を繰り返す中で、幼少期の抑圧経験に由来する「性格の鎧」が、じつは身体レベルでもオルガスムス能力を阻害する全身各部位の筋肉の緊張をともなうことを見出している。関連する箇所を引用しておこう。

とりわけ注目に値するのは、抑圧の生理学的過程に他ならない。筋肉の収縮を緩めることで植物的エネルギー[17]が解放されるだけでなく、それに加えて、欲動の抑圧が生じた幼児期の状況の記憶が再現されるのだが、これは驚くべきことである。私たちはこう述べることができる――あらゆる筋肉の硬直には、その起源にともなう歴史と意味が含まれていると。筋肉の鎧が発展した経緯を、夢や連想から引き出さねばならないというわけではない。［筋肉の］鎧そのものが、機能の不全というしかたで幼児期の経験を保全する形態なのである。[18]

ここでライヒが強調しているのは、ひとが「性格の鎧」として身につけているものは、文字どおり「身につけて」いるものであって、それは「**筋肉の鎧**（muskuläre Panzerung）」として、全身のさまざまな部位の筋肉の硬直として実際に表現されている、という事実である。

本当なのかと訝《いぶか》る読者もいそうだが、筋肉を硬直させると情動の表出が妨げられるという単純な生理学的事実を改めて思い出しておこう。例えば、大声を出して屈託なく笑うことが不謹慎に見られるような場面では、ひとは気づかないうちに笑顔にならないよう顔面を固め、声が出ないよう奥歯を嚙みしめ、横隔膜が動かないよう腹筋に力を入れている。また逆に、表情を緩めて笑顔を意図的に作ったとしても、それが喜びの感情を促進する効果を持つことは近年の科学的研究を通じて知られるようになっている[19][20]。筋肉の硬直によって表情や身体表現が妨げられる状態が慢性化していると、それに相関する情動を感じにくい状態が身体レベルで実現されるのである。

前章でも見たとおり、情動の持つ強いエネルギーはたんに心的レベルだけでなく身体的レベルでも経験されているため、その情動にまつわる経験が抑圧されるときは、身体的レベルでも抑圧を反映する生理学的過程が生起していると考えるほうが自然である。とくに、心的なレベルで抑圧が固定化されている場合、それに関連する身体レベルの抑圧もまた固定化され、情動表出に関連する部位の筋肉が硬直化し、「筋肉の鎧」と呼ぶべきものを形成する。

ひとたび「筋肉の鎧」として定着した筋肉の硬直は、それに関連する情動を感じないで済むような身体的条件を作り出す。「笑う」という身体的表出が不可能なほど内部に硬直を抱えた身体は、そもそも笑いにともなう「おかしさ」の情動を十分に感じることができない。筋肉の鎧は、オーガズムの経験を含め、いわば「感じない身体」の表現である。したがって、治療上の戦略として、身体の内部で鎧のように固まりブロック化した筋肉をほぐすよう働きかけ、情動を感じる経験を取り戻し、コンプレックスとしてその情動にまとわりついた過去の情況の記憶を浮上させることが重要になる。

治療者としてのライヒが取り組んだのは、完全なオーガズムを阻み、オーガズムにともなって心身全体を貫く強烈な快感を感じなくさせるような身体の硬直である。それはとくに、骨盤の柔軟な運動を妨げる周辺筋肉の硬直、それにともなう骨盤の後傾、深く滑らかな呼吸にとって障害になるような横隔膜の硬直と痙攣、息を止めるように作用する胸郭周辺の筋肉の硬直、などになり、患者の身体に「筋肉の鎧」として定着している。精神分析ではもともと患者の身体に触れることは治療上の禁則として行わないが、ライヒは一九三〇年代に精神分析協会から離反して以降、医師として患者の身体に実際に触れ、呼吸法と筋肉をほぐすマッサージのような手技を組み合わせて独自の治療法を開発していった[21]。

ボディサイコセラピーの展開

ライヒによる「筋肉の鎧」という着想は、今日「ボディワーク」や「ボディサイコセラピー」と呼ばれる心理療法の出発点になっている。ボディワークでは全般に、身体をほぐして呼吸を深く滑らかにすることで全身の感受性を取り戻し、それによって、さまざまな環境で十分な自己表現ができる柔軟で身体化された自己を確立することを指向するセラピーが行われる。具体的には、体操のようなエクササイズを行うものから呼吸とリラクセーションを促進するものまで各種の技法があるが、重視される観点や理論的枠組みは陰に陽にライヒの研究に多くを負っている。もともと筆者がライヒの身体

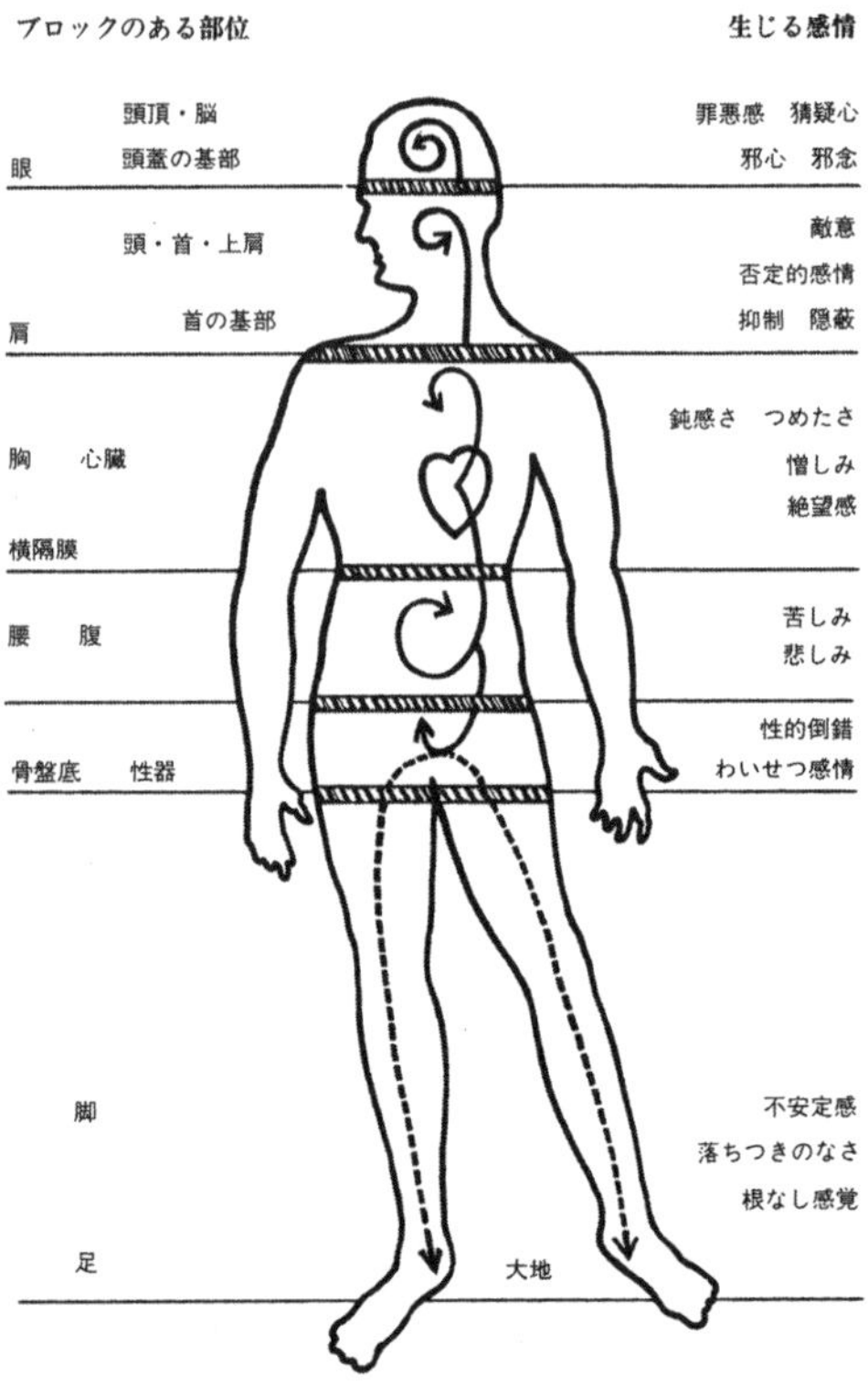

図２―３：情動を堰き止める筋肉のブロック

論に関心を持って調べるようになったのも、修士論文でボディワークを扱ったことがきっかけだった[22]。

これらの技法の中にはライヒの研究を直接に受け継ぎ、さらに発展させたものもある。特に「筋肉の鎧」については、ライヒに直接学び「バイオエナジェティックス（生体エネルギー法）」という独自の技法を確立した弟子のA・ローエン（一九一〇～二〇〇八）による考察が優れている。ローエンはライヒの着眼をより拡大し、硬直して鎧のようになった筋肉の「ブロック」が、骨盤周辺以外にも全身の主要な連結部位に散在することを臨床観察にもとづいて示している。彼が著作で提示している図2—3を見てみよう[23]。ライヒが着目した横隔膜と骨盤に広がる筋肉の鎧（図中の骨盤のラインと横隔膜のライン）に加えて、(a)眼球から後頭部（上から一番目のライン）、(b)肩と首元（上から二番目）、(c)骨盤底と脚の付け根周辺（最も下のライン）、という主要なブロックを描きこんでおり、それぞれの部位に、情動の自由な流れを妨げる筋肉の硬直がしばしば見られることを指摘している。順に一瞥《いちべつ》しておく。
(a)**眼球から後頭部**：目はたんに視覚の器官であるだけでなく、「生き生きしている」「興奮している」「退屈だ」「眠い」といったそのつどの心身全体の状態を外部に表出すると同時に、アイコンタクトを通じて他者と情動的交流を行う部位でもある。興味や関心をそそられる対象に出会うと瞳孔が広がる傾向があることは、E・ヘスの古典的実験を通じて一般にもよく知られている[24]。
そうした生理的反応にとどまらず、私たちは日常の社会的実践を通じてさまざまなしかたで他者の視線を感じ分けることができる。日本語にも「冷たい視線」「温かな眼差し」「目を三角にする」「見守る」「目配り」「射抜くような視線」など、他者に向けられる視線のあり方を表現する**からだ言葉**は多数見られる。逆に、特定のパターンに固定されたその人の視線の様式は、当人の「性格の鎧」を表現しているとローエンは言う。例えば、他者との親密な交流を拒む性格の者は、「うつろな目」をしており、視線を介して他者との情動的交流が生じないように防衛している。あるいは、他者を支配しようとする傾向が強い者は、人を鋭く睨みつける「射抜くような目」をしている。視線によって他者の行動をコントロールできることを知っているからである[25]。

どのような目つきをしているにせよ、対人場面での社会的実践と深く関係するのが眼球から後頭部にかけてのブロックである。このブロックは、目の印象を左右する眼輪筋《がんりんきん》や他の表情筋だけでなく、後頭部の筋肉（頭蓋骨と頸椎《けいつい》の接合部周辺）、眼球運動に関与する外眼筋《がいがんきん》などの硬直によって形成される。関連筋肉に蓄積した緊張が解放されてブロックが解除されると、アイコンタクトを通じて他者との円滑な情動的交流を経験しやすくなるだけでなく、全身の活力を反映して目が穏やかな輝きを放つようになるとローエンは指摘している。
(b)**肩と首元**：このエリアのブロックは、種々の情動と連動して心臓から流出する生命エネルギーが頭部へと流入すること、あるいは、肩から腕・手の動きへと流れ込んでいくことを阻むように機能する。なお、「生命エネルギー」という言い方をすると抽象的に聞こえるが、生理学的な次元では血流にも対応している。筋肉の硬直は血管を収縮させ、興奮にともなう血流を堰き止める。
とくに、肩帯《けんたい》周辺の筋緊張はさまざまな情動を遠ざける。ひとつは恐怖である。強い恐怖を感じるとき、ひとは首をすくめ、肩をやや持ち上げ、息を止めることで対応している。このエリアに強い緊張が定着すると、恐怖を感じずに済ます心理的防衛が可能になる一方で、恐怖の対象全般からその人を遠ざけ、孤立や引きこもりを招くことにもなる[26]。もうひとつは怒りである。「怒り肩」というからだ言葉が示唆しているとおり、怒りの情動はしばしば他者への攻撃衝動をともない、この衝動は背中から肩を通って腕と手に流れ、握りこぶしのような表出パターンを取る。しかし怒りと攻撃性は日常生活では直接的に表出できないまま抑圧されることが多く、これが背中と肩周辺の筋肉に一種の相克状態を生じさせ、硬直したブロックとして固定される。バイオエナジェティックスでは、ラケットや手でクッションを叩くエクササイズを通じて、抑圧された怒りの情動をクライエント（一般にセラピーの世界では「患者」ではなく「クライエント」という呼称を用いる）に表出させる。そして表出運動の硬さとぎこちなさを通じて、自らの身体のブロックに気づかせるような実践を行う[27]。

抑圧されるのはネガティヴな情動だけではない。肩帯にブロックがあり、全体に硬くなった胸板によって心臓が囲まれると、愛情が自由に流れ出さず閉じ込められるとローエンは指摘する[28]。他者へと向かう愛の情動は、相手の身体へと向かう生命エネルギーの流れとして経験される。このとき、ひとは自然に相手に向かって手を伸ばし、手を握り、腕を伸ばして抱きしめる。もちろんこのような接触が相手に受容されるかどうかはまた別の問題だが、少なくとも自己の身体の側にブロックがあると、相手に向かう自然な動きを自分自身で妨げてしまうのである。
(c) **骨盤底と脚の付け根周辺**：ライヒの着想を受け継ぎ発展させる中で、ローエンは「グラウンディング（grounding）」という概念を重視するに至っている。グラウンディングは、両脚がしっかりと地面に根づいていることである。ローエンの著作から関連箇所を引用しておこう。

腹を感じて、内臓を感じとれるようになり、また脚を感じて、それを生きて動く根と感じられるようになることを、「グラウンディングする」（大地に根づく）という。そのようにグラウンディングのできている人は、足もとの大地にしっかり支えられていると感じ、立ちむかっていく勇気や、大地のうえで思いどおりに動きまわる勇気をもつ。グラウンディングしているということは、現実にふれているということだ。[29]
このような見方をローエンが強調する理由は、進化の過程で形成された人間の身体の構造上の特徴にある。人間は直立して二足歩行をする動物であるため、知覚と意識的思考に関連する頭部が上半身に、セクシュアリティの源泉である性器が下半身に位置する（四足歩行の場合これらは前半身と後半身に対応する）。そのため、人間の身体では四足歩行する動物とは違って、思考と意識を中心とする上半身と、性行動と無意識を中心とする下半身の世界が分裂しやすいのである。それは例えば、頭で考え出した「理想」が実際に立脚している「現実」と食い違う状態（高揚感と幻滅）、足元の「現実」から離れて頭の中で作り出した「幻想」の中に引きこもるような状態（ナルシシズム）、高邁《こうまい》な「理念」を掲げて努力したものの実現できず「現実」に打ちひしがれる状態（抑うつ状態）など、さまざまな精神病理的状態として生起する。
「理想」「幻想」「理念」だけが上方へと舞い上がっても、そのような状態は決して長続きしない。性的な衝動として経験される生命エネルギーが両脚を通ってしっかりと大地に根づいている状態こそ、ひととして現実的な生活を送る基礎である。ローエンは、骨盤周辺の筋肉だけでなく、性器と脚を結ぶ骨盤底や太腿がゆるみ、エネルギーの流れが両足を通って大地に至る経路が確立されることが重要であると指摘する。バイオエナジェティックスでは、膝をゆるめて立ち、上体をかがめて両手を床につけることで、脚全体に自然なバイブレーションを起こすエクササイズを「グラウンディング」として繰り返し練習する。

以上のように、全身の主要な結合部位に散在する「ブロック」を解除するボディサイコセラピーの考え方は、性器だけでなく全身を対象とし、いわば「身体化された生活」の基盤を、身体の変革を通じて作り上げる実践になっている。

革命か、スピリチュアリティか

ライヒからローエンへと引き継がれた身体療法の思想をふり返ってみると、もともとフロイトがヒステリーを通じて発見した「性と身体」という主題をさらに大きく野生的に発展させたものになっていることがわかる。前章で検討したとおり、フロイトは自我とエスを単純な対立軸でとらえ、エスを自我に従わせることを目指していたわけではなく（これでは近代的な理性中心主義の域をまったく出ないものになってしまう）、「自我―外部身体」と「エス―内部身体」の弁証法を通じて両者が統合されることを理想としていた。しかしライヒからすると、両者の統合が「超自我」という規範的なものによって媒介される構造になっているかぎり、それは結局のところ権威主義に陥るものに見えただろう。

ライヒが性と文化を結ぶ革命を構想したのは、まさにこの点においてである。保守的な社会規範のもとで男女の性行為が統制されるかぎり、ひとは完全なオーガズムを経験できることもなく、幼児期に身につけた「性格の鎧」を脱いで成熟した大人になることもできない。また、自由な性行為によって結ばれる男女の関係よりも、制度的な結婚や家族によって結ばれる男女関係が優先され、その中で次世代の子どもたちが同じようにエディプス・コンプレックスを受け継ぎながら成長していくことになる。フロイトの実践が小さな診察室のカウチの上で繰り広げられる「言語化することが許容される性的経験」に閉ざされていたとすると、ライヒの目指したものは、オーガズムの持つ起爆力を解き放とうと考え始めた時点で、すでに診察室の外へと大きく飛び出していた。

オーガズムの経験それ自体を価値あるものとして肯定しようとするライヒの考察は、まさに「大きな理性」としての身体を見据えた魅力的な思想だった。フロイトが「二つの身体」の弁証法を通じて「大きな理性」を目指しながらも、一方で超自我という規範に媒介される言語中心の心身の統合にとどまったのに対して、ライヒは「オルガスムス」という言葉にならない未分化な心身の力動に着目することで、言葉を超えた次元で心と身体を統合することを目指したのである。このような力動が社会によってタブー視されるかぎり、この社会が人間を解放することはないだろう。保守的な家族の規範と結託した社会の権威がいつまでも次世代を縛り続ける。だからオーガズムを通じて性の解放と社会の変革を一気に成し遂げるような「性と社会の革命」が必要なのだ、そうライヒは考えたのである。

だが、筆者の見るところ、ライヒの身体論にはひとつ決定的に欠けているものがある。**それはスピリチュアリティである。**弟子のローエンが強調した「グラウンディング」の概念が逆説的に明らかにしているが、人間の身体は動物と違って上半身と下半身に分化し、下半身を通じて大地につながる構造を保持している。骨盤と横隔膜のブロックが取り払われ、十分なオーガズムを感じることができたとしても、それが両脚を通じて大地へとしっかりつながることがなければ、オーガズムは性器的な快楽として消費されるだけで、現実の性と生を真に変革するものにはならない。おそらくライヒもそのことに気づいて、オルガスムス能力を阻害する「筋肉の鎧」の解消を目指すようになったのだが、オーガズムを大地に結ぶグラウンディングには十分に理解が及んでいない。

二足歩行をする人間の身体は、動物とは違って「上下」という空間性の持つ意義に目覚める。魚の身体と比べてみるといい。一般に脊椎動物は前方に顔を、後方に尻尾を備えており、移動する際には前後方向に動くが、前後方向は必ず体軸（背骨）の方向と一致している。しかし、人間の身体は二足歩行することで背骨を立てて立脚し、顔と尻尾を結ぶ体軸が「上下」、移動する方向が「前後」となって両者の空間軸が分岐するのである[30]。人間は、知覚器官が集まる頭部を上半身に、性器と両脚を下半身に備えている。この身体構造のもとでは、ローエンも指摘しているように、知覚に始まる意識的思考と理性が「上方」に、性器を中心に構造化されたセクシュアリティと無意識が「下方」に経験され、両者の世界が容易に分裂しやすい。この分裂が、幻滅、ナルシシズム、抑うつ等の精神病理をもたらすのである。

だが、オーガズムを通じてセクシュアリティが解放され、グラウンディングを通じて下半身がしっかり大地に根づくことができると、そのような身体は改めて下半身の上に上半身を立脚させ、両者を統合することでひとを「上下」という空間性に向かって覚醒させるのである。上下、とりわけ「上」という空間は、視覚的にどこまでも開かれた「無限」の彼方を実感させる。大地に結ばれ、その上に両足を踏みしめ、骨盤と背骨と頭を一本の線として上方向に伸ばす人間の身体は、無限に開かれた「天」につながる垂直な感覚を獲得する。ここで上半身と下半身を結び、全身体を介して天と地につながる身体感覚こそ「スピリチュアリティ」である。スピリチュアルな身体感覚は、四足歩行している動物の身体にはおそらく存在しない。それは未だ本能と混在した状態にとどまっている。

ローエンはライヒを超えて、身体のスピリチュアルな次元を正確にとらえている[31]。ローエンは心と身体の関係を弁証法的にとらえる見方をライヒから受け継いだ。フロイトの治療枠組みではこの弁証法は、トラウマの想起と言語化を通じた「自我とエスの統合」にとどまっていた。ライヒではこの弁証法が拡大され、オーガズムと身体表現を通じた「心と身体の統合」にまで拡大する。しかしローエンはさらなる展開をとらえている。「心と身体」という対は、よりダイナミックに「上半身と下半身」という対へ、さらには「天空と大地」「スピリチュアリティとセクシュアリティ」という対のもとでの弁証法的対話に開かれていくのである。ローエンには『からだのスピリチュアリティ』と題する著作があるが、そこから印象的な一節を引用しておこう。

セクシュアリティと切り離されたスピリチュアリティはただの抽象概念にすぎず、また、セクシュアリティもスピリチュアリティから分断されれば単なる肉体活動にすぎない。この分断の原因は、心臓が体の全体から孤立させられることで起こっており、そのために体の両極を結ぶ線が切られているのである。心臓から発する愛が頭を満たした時、人は宇宙や普遍的なものとの結びつきを感じとる。それが骨盤や脚部を満たした時には、大地や個別的なものとの結びつきを感じとる。[32]
同じことを本書の趣旨に沿って言い直しておこう。身体から切り離された近代的理性はニーチェに言わせると所詮「小さな理性」に過ぎないものだった。フロイトはヒステリーを通じて「身体」という深層を見出し、それを自我とエスの対話という文脈に置くことで「大きな理性」として回復しようとした。ライヒはフロイトの実践に不徹底な側面を見出し、性的経験の極限としてのオーガズムを通じて心と身体のさらなる統合を目指した。だが、ここには「上半身と下半身の統合」がいまだ欠けている。上半身的な「小さな理性」が下半身と結合されて「大きな理性」となり、それがさらに「上下」「天地」と結ばれるとき、無限へと開かれた垂直な身体感覚を宿す「**大いなる理性**」が生まれる。性に開かれた身体が指向するのは革命ではない。むしろ、革命の思想が「宗教は民衆のアヘンである」という言葉とともに破壊したスピリチュアリティである。「性」と「聖」が結ばれるとき、「大いなる理性」としての身体は深みから高みへと向かうのである。

第3章

身体の思想としての実存主義

――サルトルを超えて

自由と孤独の二〇世紀

前章では、一九六〇年代カウンターカルチャーの時代に流行したライヒの思想を取り上げたが、この時代はまた実存主義が大きく隆盛した時代でもあった。自由な性愛から革命へ向かおうとするライヒの思想と、人間の本来的な孤独や不安を強調する実存主義の思想では、一見したところ水と油のようにも思える。だが、二〇世紀の大都市で暮らす人々の生活世界を背景としてみれば、どちらも支持されるような社会的文脈が広く形成されていたに違いない。

もともと近代という時代は、一方では産業化によって主な生産手段が農業から工業へと移り変わった時代であり、他方では身分制の解体によって自由で平等な市民が台頭した時代である。製品を大量生産する工場の林立する沿岸部に地方農民が労働者として大量に流れ込み、都市が形成され巨大化していく。このような光景は、一八世紀のロンドンを始めとしてヨーロッパ各地に広がり、二〇世紀になると第三次産業の発達とも相まって世界中に大都市ができ上がっていく。

大都市で生活する人々は自由である。所与の身分から解放されて生き方を自己決定する自由を持っただけでなく、地方の共同体で人間関係を時に束縛するものだった伝統的な規範からも解放されたからである。大都市という生活世界では、人々、とくに男女は共同体の古い規範から自由になっていわば剝《む》き出しの出会いを経験するが、同時に、安定した人間関係を支える常識と慣習が失われた場所で寄る辺ない孤独を抱えている。このような歴史的背景に着目するなら、性の解放も実存主義も、同じ「大都市」という生活世界に特有の情動的布置の中で広まったことは容易に想像できるだろう。

ところで、自由であるとともに孤独で寄る辺ない群衆の心理が一九三〇年代の全体主義の台頭を後押しした、とE・フロムが指摘しているのはよく知られるところである。フロムは一九四一年に発表した『自由からの逃走』（邦訳一九五一年）の中で、近代人の経験した自由が孤独と背中合わせのアンビヴァレントなものであったことを、資本主義の発展過程に即して分析している[1]。産業化とともに進展した近代の資本主義社会では、都市の商工業者や自営業者が台頭し、大規模な中産階級を形成するようになる。中産階級は伝統的な封建制度に由来する束縛から解放された人々すなわち市民であり、政治的な自由と平等を志向し、近代の民主的国家を発展させる原動力にもなった。

しかしながら、資本主義の発展が生み出した彼ら中産階級は、自由と平等を重んじる個人主義に立脚しようとするがゆえに、かえって足元を掬《すく》われることになる。封建的な身分制度にも地方の共同体規範にも束縛されないということは、自由を享受できると同時に、与えられた外的条件によって生き方が定まらないということを意味する。近代的な人間は、自己自身の主人であるという**尊厳と誇りの感情**を一方で持つとともに、自己の存在根拠を自らの内部にしか持たないがゆえに、**孤独であり不安に苛まれる**。しかも、市場の法則が社会的場面での人間関係へと浸透する資本主義社会では、個人と個人の関係が競争意識に強く支配され、共同体的な絆よりも利益のための手段と駆け引きの色合いがより強くなっていく。また、産業化の進展とともに個人の仕事が高度に分業化すればするほど、個々人は自分が巨大な産業社会の歯車にすぎないという無力感に襲われるようにもなる。

フロムによると、近代人はこうして、近代以前の社会制度が持っていた外的制約から自由になったものの、自由の重圧に耐えかねて、群衆の中に個性を埋没させ、カリスマ的政治指導者に隷属する全体主義（これがドイツではナチズムとして現れた）に自らコミットしていくことになった。カリスマに熱狂することで、自由につきまとう孤独と不安から逃れられるという幻想を抱いたのである。

前章でも指摘したとおり、フロムは精神分析とマルクス主義の双方から影響を受けた人物であり、その思想的背景がライヒに近い。だが興味深いことに、『自由からの逃走』の中で、近代人に特有の孤独、恐怖、無力感といった心性を描いた先駆的な思想家として、キルケゴール、ニーチェ、カフカといった実存主義者たちに言及している[2]。フロムによると、彼らはみな、孤独の中で生きる意味を見出せず無力感に打ちひしがれる個人を独特のしかたで描いた先駆的な思想家である。彼の目から見れば、ナチズムが去った後に実存主義が隆盛することは歴史的な必然のように見えたのではないだろうか。というのも、第二次大戦以後の世界では、「自由からの逃走」としてヒトラーのようなカリスマへの盲従が許されない時代状況を人々が生き始めたからである。

こうした歴史的文脈をふまえるなら、ジャン＝ポール・サルトル（一九〇五〜一九八〇）を一躍有名にした講演「実存主義はヒューマニズムである」[3]が終戦直後、一九四五年一〇月のパリで行われたことも示唆的であろう。サルトル自身が意図して実存主義を「ポスト全体主義の思想」として語ったというわけではない。だが、自由、孤独、不安、絶望といったキーワードを並べ、自己自身の運命の主人である重圧に耐えて「自由の刑」を引き受けよと説いている点で、それ以前の群衆に蔓延していた「自由からの逃走」という心理にはっきりと決別を告げる宣言になっており、第二次大戦後の時代状況を象徴する講演になっていたのである。

以下、この章では、サルトルに沿って実存主義がどのような思想だったのかをふり返り、実存主義が精神分析とはまた違った観点で展開された「身体の思想」であったことを明らかにする。

物の存在、人間の存在

ひとまずサルトルの講演に沿って、実存主義がどのような考え方にもとづく思想なのかを明確にしておこう。サルトルによると、「実存主義」と称されるものにも複数の立場があるが、共通しているのは「実存が本質に先立つ（L'existence précède l'essence.）」と考える点である。

彼は人間に対置して、まず人工物の「本質」を考える。例えば一本のペーパーナイフ。このペーパーナイフを製作した職人の頭の中には、「ペーパーナイフはナイフに似た形状をしていて、紙を切るための道具である」といった概念があり、その概念にもとづいてこの道具を製作したことだろう。同様のことは他の人工物にもあてはまる。例えばコップなら「ドリンクが一定量入る形になっていて、それを使ってドリンクを飲むことができる道具」、イスであれば「座面が脚によって支えられており、その上に座るための道具」といった具合である。

つまり人工物の場合、その人工物を定義するような「〇〇とは、××××である」という「本質」が必ず備わっており（「××××」が本質にあたる）、その本質に沿って人工物が人工物として製作され、その存在が世界に産出されるという過程がある。通常、道具としてなんらかの使用目的に見合うような本質に沿って人工物は作られている。したがって、個々の物体として存在するペーパーナイフやコップやイスに対して、それらの普遍的な本質が先立っていることになる。例えば、私が自宅で使用するイスと研究室で使用するイスは形状もデザインも座り心地も違っているが、そうした個別の存在者としての違いよりも、それが「イスである」という本質のほうが重要である。「実存が本質に先立つ」というときの「実存」という言葉の原語は「existence」すなわち「存在」である（だから実存主義は「存在主義」と訳すこともできる）。これを人工物に即して考えると、「本質が存在に先立つ」という関係になっている。本質が先になければ、人工物が製作されこの世界に存在するということもなかったはずなのである。
人工物に対して、人間の場合は両者の関係が逆になるというのが「実存は本質に先立つ」との言葉に含まれるサルトルの考えである。「人間とはこれこれこのようなものである」という本質があるかないかにかかわらず、人間はまずもって存在する、すなわち実存するのである。

実存が本質に先立つということは、ここでは何を意味するのだろうか。それは、人間はまず初めに存在し、おのれに出会い、世界内に姿を現し、その後になって自らを定義するものであるということである。[4]

この文章はそれほどわかりにくいものではないだろう。人間の場合、人工物のようになんらかの本質に合わせて造られたわけではなく、気づけば世界の内に生を与えられており、自分自身が生きていることを知る、というしかたで存在する。一般に「ものごころがつく」とはそういうことである。だから人工物の場合とは逆に「存在が本質に先立つ」という関係になっているとサルトルは言うのである[5]。

世界内に存在すること、すなわち実存することが本質に先行する人間は、人工的に製作された物とは違う。この世に生を与えられたことに気づき、何者かになろうと欲し、自らの決意に従って行動すること（これをサルトルはハイデガーにならって「投企」と言う）を通じて、**事後的に自己が何者であるかを知る**ことになる。生まれつき自分が何者であるかを知っている者はいない。サルトルに言わせると、人間はこうして主体的に実存している点で人工物一般とは決定的に違っており、つねに自らを超え出て何者かになろうと投企する点で尊厳に値する。だから彼の講演は「実存主義はヒューマニズムである」と題されていたのである。

人工物との対比で人間の特徴を記述する実存主義の見方については、サルトルが『存在と無』[6]で多用する対概念である「即自存在」と「対自存在」の観点からさらに補足しておくといいだろう。「即自存在」は、人工物だけでなく自然物まで含めて物一般を指す概念で、「それ自体において存在する」という存在様式を示す。なぜ「それ自体において存在する」という様式に沿って整理されるのかというと、私たちが日常生活の中で出会う物は**非意識的な存在者**（意識を持たずにただ存在するもの）という特徴を備えているからである。

これに対して、人間に備わる「意識」は、決して「それ自体において存在する」という特徴を示さない。サルトルは現象学の提唱者E・フッサールの意識の見方を引き継いでおり、意識がつねに「何かについての意識」として働くことを強調する[7]。いわゆる「志向性」と呼ばれる性質だが、意識が作用しているとき、それはつねになんらかの対象へと差し向けられている。窓の外の景色をぼんやりと眺めていれば意識は外の景色に向かっているし、目を閉じて空想的なイメージに浸っていれば意識はそのイメージへと向かっている。悩み事を考えているときには悩みの原因となる事象へ、言葉の意味を理解しようとしているときは音声や文字へ、やはり意識が向かっている。意識とはいわば矢印のようなもので、意識が機能しているということはなんらかの対象に向かっていく作用が生じているということを意味する。この、なんらかの対象に「向けられていること(directedness)」が志向性である。

志向性を出発点として意識をとらえるなら、意識は物とは違って「それ自体において存在する」ということが決してない。意識はつねになんらかの対象へと向かい、対象を構成するようなしかたにおいてのみ存在する。言い換えると、意識はつねに「自らに対して対象を構成する」あるいは「自らに対して存在する物を現前させる」というしかたで存在する。サルトルは、それ自身で完結するようなしかたで存在する物を「即自存在」、それ自身で完結できず、**つねに対象との関係においてのみ存在する**ことができる意識を「対自存在」と呼び、異なる存在の領域として区別しているのである[8]。

実存主義とは何かを語るうえで、存在と本質の関係が焦点となっていた。本質とは、あるものをあるものたらしめている不可欠な要因であり、あるものを「××××である」と定義づけるような性質である。物のように、それ自体において存在することができる即自存在は、物を取り巻く環境が変わったとしても同一の物として存在することができるため、その不変の本質を取り出すことにも意義がある。例えば、浜辺に存在する無数の石は、海水浴客が来ても来なくても同じ石であり、雨の日も晴れの日も同じ石である。サルトルは即自存在について「存在はそれがあるところのものである」と述べている[9]。浜辺の石は、まさに「石であるところのもの」として存在する。

そのような石について、「砂よりも大きく岩よりも小さな鉱物の塊」という本質を取り出し、問題にすることにも一定の意義はあるだろう。少なくとも、そうすることで、化学や物理学など科学的研究の対象として石を同定することができる。それについて定義できる物体は、その質量や形状や成分について、さらに細かく問うていくことが可能になる。自然物は人工物のように、一定の本質に沿って人間がそれを製作したわけではない。だから、その産出過程を時間的に見た場合には「本質が存在に先立つ」とは言えない。しかし、自然物は**それ自体において存在する**ことができる点で、やはり人間存在とは違っている。その物をその物たらしめる本質のほうが、その物の存在に先立っているのである。

では、対自存在である「意識」はどうだろうか。意識はつねに何らかの対象へと差し向けられており、決してそれ自体において不変の姿で存在することがない。意識が作用するということは、そのつどなんらかの対象が自己の前に現れることであり、さらには対象を取り巻く世界が現れることである。これもサルトルの有名な言葉だが、彼は対自存在について「それがあらぬところのものであり、それがあるところのものであらぬものとして定義される」と指摘する[10]。浜辺の石を知覚すれば、その石はひとつの対象として現れるが、その石を「図《ず》」とすることで意識はかえって「地《じ》」として背景に消え去ってしまう。意識はそれ自身において存在するのではなく、なんらかの対象を自己自身の前に現れさせることで、**透明な背景として消え去る**性質を持っている。だから意識は、「それがあらぬところのもの」（＝積極的に存在しないもの）であり、「それがあるところのものであらぬもの」（＝自らに対して対象として現れる別の存在者）によって定義される逆説的な存在なのである。

このように、意識はそもそも関係的な原理のもとで作用しており、それ自体において存在しないという特徴を持つ。したがって、意識をそれ自体として定義するような「本質」を問うても意義がない。仮に意識の「本質」を「志向性」として取り出すことができるとしても、志向性はそもそも「意識を対象と関連づける作用」であって、具体的にそれが何と何の関係を媒介しているかが解明されなければ意義がない。意識の前に現れそのつど変化する対象と意識作用の関係、対象を取り巻く世界と意識作用との関係を焦点化せねばならない。つまり、意識をそれ自体として成立させるような「本質」を解明することに意義があるのではなく、意識をそのつど定義づける対象、および世界との関係において、意識の「存在」のしかたを明らかにすることにこそ意義があるということになる。だからフッサールも、意識の本質として「志向性」を取り出した後で、「ノエシスとノエマの相関」（ノエシスは種々の意識作用、ノエマは意識対象を指す）という関係性の解明へと自らの現象学を展開するのである[11]。このような学問は、自然科学のように固定された客観的対象を扱うものとは自ずと異なったものになる。

人間は意識のはたらきを備えた対自存在として、その「存在が本質に先立つ」。人間を即自存在のように扱い、その不変の本質について、物理学的、化学的、あるいは生物学的な観点から迫っていくことに重大な意義はない。人間は意識を備える対自存在なのだから、「それがあらぬところのものであり、それがあるところのものであらぬものとして定義される」。意識のはたらきを介して、どのような対象にそのつど関与し、対象の背後に控えている世界とどのように関与しているか、という観点から人間は理解されねばならない。人間が何であるかという本質が問題なのではなく、そのつど**対象や世界と関わりながら人間がどのように存在（すなわち実存）しているか**、ということが問題なのである。以上のような意味で「実存は本質に先立つ」との言葉も理解されねばならない。

実存することの四つの含意——キリスト教的人間観との対比

サルトルはまた同じ講演の中で、実存が本質に先立つという順序の問題だけでなく、さらに「人間には本質が存在しない」という論点にもこだわっている。「**人間の本性**は存在しない」[12]、「実際に実存が本質に先立つとすれば、あらかじめ与えられ凝り固まった**人間の本性**に訴えて説明することは決してできない」[13]と述べるなど、「本質（essence）」を「本性（nature）」という微妙に異なる言い方に変えて、人間に本質が存在しないことを主張しているのである（なお、「nature」は「生得的に備わった本性」であるから「本質」と訳すこともできる）。
この論点には、ヨーロッパ文化の根底に流れるキリスト教的な人間観が関わっているので、やや丁寧に補足を加えておこう。キリスト教の説くところによれば、人間は神によって造られた存在である。ペーパーナイフやコップが人間の考えるそれぞれの本質に沿って製作されたのと同様に、人間もまた、神によって造られたものである。では、その場合の「人間の本質」とは何だろうか。旧約聖書の「創世記」には、よく知られる以下の記述がある。

また神が言った。「われらの像に、われらに似せて、人を作ろう。そしてこれに海の魚、空の鳥、家畜、すべての野獣と、地を這うすべてのものとを従わせよう」。そこで神は、人をみずからの像に創造した。すなわち、神の像にこれを創造し、男と女とに創造した。[14]
そのとき、ヤハウェ神は土くれで人の形を造り、鼻の孔に生命の息を吹きこんだ。すると人は生きものとなった。そこでヤハウェ神は、東のほうエデンに園を設けて、自分の作った人をそこにおいた。[15]

ここには比較的はっきりと人間の本質をめぐる記述を見て取ることができる。人間は「神の似姿」として造られた。最初の引用を文字どおりに受け取るかぎり、人体の姿がまさに神の姿に似たものとして造形された、つまり人間の身体が神のそれと形態において似ているとの印象を受ける。ただし、二つ目の引用を見ると身体の姿・形に「本質」らしきものはないことがわかる。人体はあくまで「土くれ」で造形された器にすぎず、そこに「生命の息」を吹き込まれて初めて、生命体としての人間が存在することになったのである。つまり、この「生命の息」こそが神によって分け与えられた人間の本質である。

一般に、聖書のこの箇所で描かれる「生命の息」は、キリスト教の伝統では「霊（スピリット、精神）」として理解されている。人間の身体を構成しているのは、神が天地を創造した後に残った「土くれ」であり、目に見える物質的なものにすぎない。ここに目に見えない精神的なもの（霊）が神によって身体に吹き込まれることによって、「土くれ」は初めて神の似姿としての人間になったのである。ここで生命の息が吹き込まれる瞬間こそ、スピリットが体の中へと入る「インスピレーション（霊感）」の場面に他ならない。インスピレーション（inspiration）という語が示しているとおり、それはスピリット（spirit）が中に（in）入ることを指す。当初は土の塊にすぎなかった「存在」はこうして「本質」を吹き込まれ、神の似姿としての人間になったのである[16]。

最初の引用に戻ると、神がスピリットを土くれに吹き込んで人間を造ったのは、神が創造した世界に生きるさまざまな生物を人間に従わせるために他ならない。人間はいわば、神が創造した世界の管理人としての責務を負っている。空飛ぶ鳥、地上の動物、海中の魚、すでに飼い慣らされている家畜に至るまで、人間は自分たち以外の生物を己に従わせるべくこの世に送り出されたのである。聖書はこう続ける――「産めよ、殖えよ、地に満ちよ。地を支配せよ。そして海の魚、空の鳥、地を這うすべての生きものを従わせよ」[17]。神が人間にあらかじめ与えた本質とは、さまざまな生物が生存している地上の世界を調整・維持・管理するとともに、人間自身もそれらの生物と一緒に繁栄することなのである。

こうしてみると、人間の本質は神によって与えられた霊（スピリット）であり、精神的なものであって、それは地上の生命を繁栄させるために用いられるべきものであることが最初から定められている。このようなキリスト教の人間観を前提としたうえで、人間について「本質が存在に先立つ」と考えるとすると、人間がこの世に生を受けたことの意味も、人生を生きることの目的も、どのように生きるべきかという生き方の問題も、最初から決まった答えがあることになる。それはおおむね、良き伴侶とともに家庭を営み多くの子どもを産み育て後世に残すこと、人間の生活を支える家畜や農作物を豊かにすること、といった規範に則ったものになるだろう。農耕と牧畜が主たる生産手段だった古代の人類にとって、このような聖書の人生観は社会全体を維持するうえで一定の意義を持っていたに違いない。

さて、サルトルは無神論者として、このような考え方をきっぱりと拒否する立場を自らの実存主義によって表明している（なお、本書では触れないが、有神論的な立場にもとづく実存主義もある）。無神論的な立場から「実存が本質に先立つ」と考えることで何が帰結するのか、次の箇所でサルトルは明確に述べている。

これに反して［神なしで道徳的価値を確立できると考える人々に反して］、実存主義者は、神が存在しないのは大変困ったことだと考える。というのも、わかりやすい天空の諸価値を発見する一切の可能性が神とともに消えてしまうからである。もはやアプリオリに善なるものは存在しない。善を思慮するための無限かつ完全な良心が存在しないからである。善なるものが存在するとか、正直でなければならないとか、嘘をついてはならないなどとはどこにも書かれていない。まさに私たちは人間だけが存在する平面の上にいるからである。[18]（［　］内は引用者の補足）

神が不在だとすると、存在に先立って与えられた人間の本質はない。人間に本質がないということは、「人間はこのように生きるべきである」という倫理的規範もまたないということを意味する。人間に本質があるならば、誰もが本来持って生まれた性質があり、為すべきことと為すべからざることを線引きする規範があるだろう。だが、人間はそのようなことに先立ってこの世界に投げ込まれた存在である。何を為すべきか、また為さざるべきかという答えを持って生まれてくるのではなく、自分がこの世界に「存在する」ことに気づき、それに気づいた以上は死ぬまで生きようとするのが人間である。何を為すべきであるのか、また何を為すべきではないのか、という生き方の規範は、存在することに気づいた後で各自が選択すべき事柄であって、最初から決められているわけではない。

サルトルとともに、人間に本質が存在しないこと、すなわち実存であることの含意をもっと徹底して考えてみよう。

第一に、本質がないということは、人間が人間であることの定義が存在しないということである。つまり、私やあなたや彼や彼女をおしなべて一括りにできる「人間」という概念はなく、したがって、「人間として生まれたのであれば、○○をするべきである、××をしてはならない」という一切の善悪の規範にもその根拠はないということである。ひとは何をしてもいいし、何をしなくてもいい。しなければならないこともなければ、してはならないこともない。人間に本質がないということは、**誰もが個別の「誰か」として実存する**ということであって、実存することをめぐる命令や禁止は一切なく、**ひとは根源的に自由**なのである。

サルトルの残した「**自由の刑**」という有名な言葉もこの点に由来する。ひとが人生においてなすべきことは、生まれつき何も定められてはいない。一人ひとりの主体に委ねられている。逆に、どのような人生を実現するかは、一人ひとりの主体に委ねられている。平凡に結婚して子どもを育てるのも自由、ギャンブルに持ち金を注《つ》ぎ込んで破滅するのも自由、職人になって物作りの世界を極めるのも自由、人を騙《だま》して世を渡る詐欺師として生きるのも自由である。だが、日々の小さな具体的行為に始まって、人生を左右するほどの重大な選択に至るまで、すべてはそれを実行する主体である私やあなたの責任に委ねられている。自分以外の誰かが行ってくれることは何もなく、行為もその結果も、すべては自分で引き受けるしかない。ここまですべてが自由だとすると、その自由はかえって刑罰のように重苦しい。そこでサルトルは、「人間は自由の刑に処せられている」と言うのである[19]。

第二に、**このような自由は孤独の別名に他ならない**。人間に本質がないということは、私やあなたという個別の「誰か」が存在しているだけであって、私とあなたを同じ「人間」として繋《つな》ぎ止めるものは何もないということでもあるからだ。もっとも、これは他人に頼れないという意味ではない。助けが必要であればそれを他人に求めればいいし、助言が必要であれば他人に相談すればいい。そのような行為もまた自由に行うことができる。問題はそういう個別の実践の次元にあるのではなく、私とあなたを共通の同じ「人間」として結ぶような本質がないため、どのような行為も、どのような決断も、「私たち」という支えを欠いているということにある。

ハイデガーが「世人」(「ひと」とも訳す)という概念で指摘したように、日常生活の多くの場面で、人間は自らの主体性を曖昧な状態にしたまま、いわば「みんながそうするから」とか「ひとはそうするものだから」という理由にならない理由のもとで多くの活動をこなしている[20]。ハイデガーは世人を肯定的にも否定的にも描いているが、サルトルの実存主義では、そもそもこうした曖昧なあり方が可能であるとは考えていない(そうしたあり方はサルトルに言わせると「自己欺瞞」なのである)。というのも、私という一人の主体を「みんな」に繋ぎ止めるような本質がもともとないのだとすると、「みんながそうする」とか「ひとはそうする」といった言い方で表される曖昧な「私たち」という主体性の成立する余地がないからである。私は何をするにも一人である。あなたと一緒に行動したとしても、人々と一緒に行動したとしても、それは、私の主体性を委ねて孤独から逃れられるということを意味しない。

第三に、人間にあらかじめ与えられた本質がない以上、**一人ひとりの実存する人間を作るのはその人が世界において為した行為である。**サルトルは、「実存主義は人間をその行為によって定義する」と述べている[21]。私は「ものごころがつく」ことによって、この世界に自分が存在していることに事後的に気づく。はっきりとした意志をもって行為したのであれ、気がついたらなんらかの行為に従事していたのであれ、いま・ここに存在する私を作っているものは、これまで私が行ってきた諸々の行為の総体に他ならない。ある人が善人であるのは、もともと善人に生まれたからではなく、善い行いを重ねたからである。また、現に実現されなかった行為がその人を作ることはない。何かをしようと決意したとしても、実際にその行為が遂行されなければ、それがその人を作ることはない。

忘れられがちだが、サルトルの実存主義の重要な点は、私が何者であるかは他者によって、あるいは他者との関係によって決まるということである。人間には本質がなく、私のする行為には「私たち」という裏づけがない。私の行為は私だけの責任で為されるものであって、私は本来的に孤独である。しかも、私は私自身の内部に人類共通の規範を持ち合わせていない以上、**私の行為の価値を決めるのは、その行為の対象となる具体的な他者との関係以外にはない。**この事情は他者の側でもまったく同じである。他者もまた実存であり、本質がない。だから他者も、自らが為す行為について、その意味を内在的に決定する規範を持たないのである。したがって、ある人物の実質をその人が為した行為が作るのは確かだとしても、それが善いとか悪いとか、意義があるとかないとか、評価できるのは行為の相手先の他者であり、さらには、自己と他者の具体的な関係である。

サルトルが「対自存在」の概念に沿って述べていたことを思い出そう。物とは違って、人間の存在は意識に特徴づけられる。意識は、志向性を通じて自己自身の前に対象と世界を現前させることをその作用の中核としているのであり、つねに対象との関係においてのみ存在する。サルトルはデカルトに倣って「われ思う、ゆえにわれあり」という意識中心の言明を肯定する。ただしこの場合の「われ（＝実存する私）」は、つねに対象との関係においてのみ存在することができるような「われ」である。これを社会的場面に沿って言い換えよう。実存する私は、私と同様に意識を持ってこの世界に実存する他者との関係においてのみ存在することができる。サルトルは講演の中で次のように述べている。

こうして、直接的に「われ思う」に自ら到達する人間は、すべての他者をも発見するのであり、また、自らの存在の条件として他者を発見するのである。（中略）私が自分について持つ認識にとって他者は不可欠であるが、それに加えて、私の実存にとって他者は不可欠なのである。[22]

ここから、人間に本質が存在しないことの第四の意味が現れる。人間に本質はなく、私とあなたを生得的に同じ「人間」として規定するものは何もない。だが、そうであればこそ、**自己は自己自身が存在することの条件として他者を発見する**のである。これは、他者が意識を持つ存在である以上、他者の側から見ても同じことである。他者もまた「対自存在」であり、対象との関係において存在することができる。他者の行為が自己に差し向けられているかぎり、自己が他者の行為の意味を支える存在なのであり、さらにいえば、他者が存在することの条件になっているということなのである。

サルトルの有名な「アンガジュマン」の概念は、こうした他者観の上に立脚している。私と他者には共通の本質がないからこそ、私のそのつどの行為は、私に関係する他者によってその評価と意義が与えられることになる。したがって、究極的にいうと、私の一回一回の具体的な行為は、それに潜在的に関係するすべての他者、すなわち人類全体を巻き込んで「為すべきこと—為すべきでないこと」を生み出していることになるのである。サルトルはこのように、個別の「誰か」の行為が潜在的に全人類を巻き込むような無限の責任を帯びている様子を指して「アンガジュマン」(engagement 拘束・関与・参加などの意味を持つ)と呼ぶ。

生きるべきときに生き、死ぬべきときに死ぬ——霊肉二元論を超えて

サルトル実存主義の解説に話題がやや寄りすぎたかもしれない。本書の主題に戻ろう。本質主義的な人間観を批判するサルトルの主張は、ヨーロッパの伝統であるキリスト教的な人間観を念頭に置いたものだった。「創世記」からの引用に見られるとおり、最初の人間アダムは、土で作られた身体に、生命の息としてのスピリットが神に吹き込まれることによって誕生したとされている。ここで問題にしたいのは、それが本当かどうかということではなく、この記述に見られる「**霊肉二元論**」の観点である。霊肉二元論とは、物質的存在としての身体と、その活動を可能にする霊魂を別々の実体としてとらえる立場であり、ヨーロッパの心身観の伝統において支配的であり続けてきた考え方である。

聖書の描くところによれば、人間の本質は神によって吹き込まれた「霊」、すなわちスピリット（精神）なのであって、身体ではない。だが、サルトルのように「実存は本質に先立つ」と考える場合、「自由」「孤独」「行為」「他者」といった論点以前に、私たちにとって第一義的に重要なのは身体である。というのも、ひとが実存する＝存在するということの根源を支えているのは、そのひとの身体がこの世界に存在するということに他ならないからだ。サルトルはわかりやすく「即自存在」「対自存在」という二つの領域に物体と意識を割り当てるが、メルロ＝ポンティが『知覚の現象学』で繰り返し論じているように、人間的な実存においては物体と意識が絡み合って「身体」を形作っている[23]。

ひとはまず、自己自身の実存に気づくというしかたで世界に登場する。「ものごころがつく」という言い方で先にこの事態を表現した。「ものごころがつく」ことを「自己自身について意識的にふり返る能力」、すなわち自己反省の能力と読み替えるとするなら、このような能力は決して物体とはきっぱり二分されるような「意識」の作用ではなく、物体として存在する身体にその基盤を持っている。詳細は別の論考に譲るが、ひとの身体は、自らに触れるというしかたで自己自身に折り返すことが可能であり、このような身体の構造と機能が自己反省という意識の作用を支えている[24]。

序章で取り上げたニーチェの議論をここで思い出しておくのがいいだろう。キリスト教的な世界観を厳しく批判する内容を含む『ツァラトゥストラ』は、霊肉二元論の見方を克服する身体観を示していた――「わたしはどこまでも身体であり、それ以外の何物でもない。そして魂とは、たんに身体における何物かをあらわす言葉にすぎない」[25]。霊肉二元論を取り除き、なお身体とともに実存する精神的なものに位置を与えようとすると、ニーチェのように「身体における何物か」として「魂」を位置づける以外にない[26]。また、だからこそ身体は、たんに物質の塊（聖書風に言うと「土くれ」）ではなく、「小さな理性」である精神を包括する「大きな理性」であるということにもなる。

では、霊肉二元論を退ける実存主義の身体観から見たとき、「死」の問題をどのように理解すればいいのだろうか。聖書のように、神から与えられた「スピリット」を人間の本質として素朴に信じる立場からすれば、死ねば「土くれ」としての身体が元の土の姿へと戻るだけで、スピリットは鼻の孔から出て神のもとへと帰ってゆくことになるのであろう。だが、実存主義からすると、そもそも人間は一人ひとり異なり、私やあなたという個別の「誰か」は、その身体とともにこの世界に実存する。死によって身体が消滅することはそのまま、「私」や「あなた」という個別の具体的な存在者が消滅することを意味するだろう。

ニーチェは、身体から切り離された啓蒙主義的な精神を「小さな理性」、身体との結合を取り戻した精神を「大きな理性」と呼び、「大きな理性」としての身体を生きることの意義を説いていた。「小さな理性」は狡猾《こうかつ》である。身体に由来する苦痛や病や死を直視することができず、それを避けようとしてあれこれ手を尽くし、最後には「不死の魂」という彼岸の世界の虚構的イメージを生み出すに至る。「大きな理性」としての身体を生きるには、苦痛や病や死をそのまま生きる以外にない。それはまた、快楽や歓喜やオーガズムのように、身体の根底から湧き上がるポジティヴな経験を混じり気なく純粋に生きることでもある。**快楽であれ苦痛であれ、それが身体を生きる経験であるかぎり、それ自体として肯定されるべき価値を持つ**のである。

ニーチェのように考えるならば、ひとの人生についても、**生きるべきときに生き、死ぬべきときに死ぬ**ということが至上の価値であって、それ以上でもそれ以下でもないということになるだろう。私がこの世界に存在することが「本質なき実存」であるとするならば、生き方、死に方に善いも悪いもあるわけではない。むしろ、存在すること、実存することの十全たる表現として生き、また死ぬということこそが、すなわち善い生であり善い死であるということに他ならない。特定の規範に由来する一切の価値づけ以前にある純粋な生の経験、死の経験に触れることこそが、むしろ最も価値のある生き方であると言うべきであろう。

実存主義的な死生観の深みへ

だとすると、霊肉二元論を離れて実存主義的な死生観の深みへと降りていくとき、私たちは、あらゆる規範的なものを離れて自らの心身全体で「いま・ここにただ存在すること」へと接近していくことになる。これがどのようなことであるのか、その含意を言葉にすることを試みてみよう。とはいえ「存在すること」は、元来それ自体において充実した事態であって、その外側から接近しながら言葉にすることは不可能である[27]。哲学者が過去に残した優れた記述の力を借りて考察してみよう。
(a)**死の不安と生の悦び**：すでに指摘したとおり、実存するとは、身体から離れて存在しうる人間の本質＝霊を仮定することなく「いま・ここ」に存在することである。このことは、私たちに、存在することそれ自体に内在する価値に気づかせるとともに、その裏側につねに貼り付いている**死の不安**にも目を開かせる。というのも、霊が身体から離れるというイメージで「いつか・どこか」で生じるものと漠然と仮定されるだけの死が、私が存在しえなくなる可能性として「いま・ここ」を包囲していることが露わになるからである。現実問題としても、私の死は、いつでもどこでも生じうる切迫した可能性である。私は予期せぬ大地震に巻き込まれて死ぬかもしれないし、突発的な心筋梗塞で死ぬかもしれない。
死の不安は、不治の病で耐え難い痛みに襲われて死ぬのが怖い、真っ暗な暗闇に落ちていくようで怖い、永遠に地獄を彷徨《さまよ》うことが恐ろしい、といった**恐怖の感情**とは区別されねばならない。不安の分析で名高い心理学者のR・メイは、恐怖が特定の対象を伴うのに対し、不安はその対象をはっきりと持たず、不確かさ（uncertainty）に由来する情動であるとして区別している[28]。ここでも同様で、死が引き起こす恐怖は、はっきりとイメージできる対象を備えている。だが、死の不安はそうした想像可能な対象を持たない。ハイデガーも両者を区別しつつ、死の不安について次のように述べている。

死のうちに投げこまれていることが、現存在にとってより根源的に、またより切実に露呈するのは、不安という情態性においてなのである。（中略）生をはなれることに対する恐れと死をまえにしての不安とが、混同されてはならない。死をまえにしての不安は、個々人が抱く恣意的で偶然的な「脆弱な」気分ではない。それはむしろ現存在の根本的情態性であるから、現存在がじぶんのおわりへとかかわる被投的な存在として実存していることをあかす開示性なのである。[29]

「死の恐怖」は、死に関連する具体的な事象に対する恐怖であって、一過性のものにすぎない。これに対して「死の不安」は、私が存在するということにつきまとう「根本的情態性」であって、拭い去ることができない。だが、この不安という情動こそ、私が存在することの充実を逆説的に示すものに他ならない。生きて存在することの充実と、死して不在であることの不安とは、つねに表裏一体の関係にある。闇の暗さが光の明るさを感じさせるのと同様に、「いま・ここ」につきまとう不安が、実存することそれ自体の輝きを告げ知らせるのである。不安が情態性として与えられるのと同様に、存在することの充実もまた一種の情態性として、**生きていることの根源的な悦び**として与えられる。

もっと日常的な言葉で記述してみよう。私が「ある」という存在の事実は、「ない」という不在の可能性につねにつきまとわれている。そのことに気づくとき、私が「いま・ここ」に存在していることが、「いつでも・どこでも」起こりうる死の可能性と合わせて感じられ、私は根源的な不安を感じずにおれない。しかしその不安は、他方で、私が存在することそれ自体が「ありがたいこと」（＝起こりがたいこと）であるという気分を不意打ちのように引き起こす。私が生きて存在することは、いついかなる場合でも、それ自体がとても「ありがたいこと」である。生きて、あることは、死の不安に晒《さら》されていることであるとともに、存在の悦びに満ちた事態である。ひとは自らの存在が「ありがたいこと」に気づくとき、悦びとともに感謝の念に打たれる。日本語の「ありがとう」という言葉の本来の含意はここに見られる。私が存在することは、ありがたいことであり、深い悦びと感謝に満ちている。
(b)**偶然性**：このようなしかたで「ただ存在する」ことは、私が「いま・ここ」にたまたま存在するという偶然性を意味する。というのも、実存することに本質が先立つのだとすると、私が存在することの背後にも、人間の本質に由来するなんらかの理由、原因、目的といったものを仮定することができる。だが、私は「ただ存在する」だけである。「ただ存在する」だけでそれ以上でも以下でもないとすれば、そこには、私が存在するに至った理由も、私の存在を引き起こした原因も、私がそのために存在する目的もないだろう。
もちろん、取ってつけたような言葉で事態を説明することは一通りできるのである。家族と幸せな時間を過ごしたいから生きているとか（理由）、父親の精子と母親の卵子が結合して胚になったから生まれてきたとか（原因）、まだやり残した仕事を完成させるために生きているとか（目的）。だが、見過ごすべきでないのは、このような説明が、「いま・ここ」に私が存在することの根底に流れる偶然性を打ち消すのに十分な力を持っていないということである。人間であることに本質がないということは、人間として生きている以上は「必ずそうである」という必然性の支えを欠いているということなのである。

哲学者の九鬼周造が論じているように、偶然性とは「必然性の否定」である[30]。必然性とは、必ずそうであること、そうでないことがありえないこと、である。だがすでに(a)で論じたとおり、私が存在することは死の可能性に切迫された事態であって、私が不在であるという可能性に包囲されている。だから、私が存在することは「必ずそうである」ような事態でもなければ、「そうでないことがありえない」ような事態でもない。**私は、たまたま今あるような姿で存在している**にすぎない。実存するとは、偶然この世界に私が存在するということに他ならない。

サルトルは、若いころに執筆した小説『嘔吐』の中で、存在することの偶然性に深く気がついた瞬間を次のように書き記している。

> その瞬間は異様だった。私はそこにいて身動きせず凍りつき、恐るべき恍惚に浸っていた。だが、まさにこの恍惚の中で何か新しいものが現れた。私は「吐き気」を理解し、我が物にしたのだ。本当を言うと、自分の発見したものを定式化できたわけではなかった。だが今では、それを言葉にすることも簡単にできるだろうと思う。肝心なこと、それは偶然性である。つまるところ、定義上、存在は必然ではないのである。存在するとは、単に、そこにある、ということである。存在するものは現れ、互いに出会うままになる。だがそれをひとは決して演繹することができない。[31]

『嘔吐』の主人公ロカンタンは、存在が露わになるたびに強烈な吐き気に襲われる。しかし、彼がもよおす吐き気は、世界が存在すること、私が存在することに何の根拠も必然性もなく、すべてが「たまたま」そうであるにすぎないという事実に圧倒されるときに訪れるのである。あらゆることは、今あるのとは別の姿でありえたのに、たまたま私が目にしている姿で与えられている。これは、自己と世界の存在を秩序づける「中心」が一挙に失われるような経験であり、吐き気や眩暈《めまい》[32]のような「カオス」の身体的経験をしばしば伴うのである。

(c)「**運命**」**の時間経験**：死の不安が一方で生の悦びを不意にもたらす両義的なものであるのと同様に、存在することの根底に流れる偶然性は、時として強烈な運命の経験を引き起こすものでもある。本質主義的な人間観に沿って、人生の時間性を構造化するしかるべき理由、原因、目的があると考えるなら、ひとが人生で経験するあらゆる出来事は起こるべくして起こる必然的なものであることになる。そのような人生は最初から決められた軌跡を進んでいるだけで、偶然の出来事によって軌跡が変わるだけの隙間がない。いわば、生まれたときから決まっている宿命を辿ってひとは自らの人生を歩んでいることになるだろう。
だが、たまたまこの世界に実存するだけの私は、そのつどさまざまな事件や出会いに巻き込まれつつ生きている。こうした出来事は、その渦中にいるあいだには気がつかなくても、後になって自分の人生にとって取り消し難い重大な意味を持つ場合がある。筆者自身、「この人に出会ったことで自分の人生が変わってしまった」と感じるような人物は一人ならず思い浮かべることができるし、おそらく読者もそうであろう。九鬼周造は、「偶然が人間の実存性にとって核心的全人格的意味を有《も》つとき、偶然は運命と呼ばれる」と指摘している[33]。つまり、あるひとの人生において、それがなくては現在の状態がありえなかったような、全人格的な意味を持つ出来事を指して「**運命**」と呼ぶのである。

　哲学者の木田元は、現象学の系譜に連なるハイデガー、ヤスパース、メルロ＝ポンティらが「実存の構造」として運命の問題を理解してきたと指摘している[34]。つまり、ひとが実存することにともなう時間的構造の契機に、たまたま生じた偶然の出来事が組み込まれるとき、それが運命へと転換されるという見方である。例えば、深く情動を動かされるような人物との出会いを経験すると、「この相手と一緒に生きていきたい」とひとは強く願い、未来への積極的な投企が生じる。それとともに、過去の人生すべてがこの出会いを契機として生き直され、偶然であるはずの相手との出会いが、過去から展開してきた人生の必然的な到達点、すなわち「運命」であると理解されることになる。

　ここで問題にしておきたいのは、九鬼が「核心的全人格的意味」と呼ぶような強い衝撃とともに偶然の出来事を経験する際の特異な時間経験である。サルトルの実存主義は、どちらかというと、人間の実存を構成する「被投性」（人間が世界の中へと投げ込まれてあること）と、それを引き受けたうえで未来へ向かって行為する「投企」という局面を取り出し、偶然の出来事に巻き込まれる受動的側面よりは、それを能動的に引き受ける決断を強調する傾向が強い。主体の決断によって引き受けられた偶然の出来事は運命となり、そうでないものは運命には組み入れられない、というのが理論的に見た場合のサルトルの立場に近い[35]。言ってみれば、ある出来事を運命にするかしないかは主体の決断次第である、との立場である。

だが、私たちの人生にはこうした能動性に依拠するだけでは理解できないような受動的な場面も多く存在する。たまたま生じた事件や出会いに情動が強く揺さぶられるとき、それが「起こるべくして起こった」とどこかで感じずにはいられないのである。実存する私にとって、目の前の世界はたまたまそのような姿で存在しているにすぎない。それは時に、吐き気や眩暈を感じずにいられないほどの無秩序なカオスである。それにもかかわらず、あるいは、そうだからこそ、私の身に起こる一つの出会いや一つの出来事があたかも事前に準備され、生じることが予定されていたかのように生じる「運命の瞬間」というものが不意に訪れることがあるのである。

反復すること

序章で予告するにとどまっていた「**反復**」という主題は、ここで論じている運命の時間経験に関係する。「起こるべくして起こった」という明証的な感覚には、それが起こるであろうことが事前にどこかで予定されており、しかも実際に起こった、という感じが含意されている。だからその出来事は、初めて経験する出来事であるにもかかわらず、あたかも繰り返し起こった出来事（＝反復された出来事）であるかのように感じられるのである。

実存主義の元祖S・キルケゴールが残した小説風の著作に『反復』という題名のものがある。この中で彼は次のように述べている。

反復の弁証法は容易である、なぜかというに、反復されるものは存在していたのである、でなければ、反復されえないであろう。ところが、それが存在していたということが、かえって反復を何か新しいものにする。（中略）人生は反復である、といわれるとき、それは、現に存在したことのある現存在が今や現存在となる、ということを意味する。[36]

出来事を経験する「私」の一人称のパースペクティヴに沿って考えるかぎり、「起こるべくして起こった」事件や出来事は、いまだかつて存在したことはなかっただろう。しかし、私の個人的な生と死を離れて実在する世界を仮定するのであれば、反復される事件も出会いも最初から存在していたと言いうるのかもしれない。だからキルケゴールが言うように、「それが存在していたということが、かえって反復を何か新しいものにする」のである。

反復は、私の個人的な人生においてすでに起こった出来事を再体験することとはまったく異なる。このように理解するなら、反復とは過去の記憶を想起することと何も違わないことになる。そうではなく、運命の感覚を通じて反復される出来事というのは、いわば一種の「**デジャ・ヴ**」である。それは私の人生において明らかに初めて生じた出来事であるにもかかわらず、すでに経験したことであるかのような既視感をともなって生じるのである。

ここから先を考えることは、本書の手に余る。運命において反復されるものを考えようとすると、ちょうどその地点で、身体が存在するということと世界が存在するということの意味が分離し始めてしまうからである。身体の存在は「私」という個人的な生のレベルの問題である。しかし、私によって反復される出来事が存在したのは、私の個人的な生のレベルを超えた世界のレベルを示唆している。ここで、私の身体が存在するということを離れて、世界の存在について、とくに世界の始まりと終わりについて考え始めれば、きっとニーチェのように永遠回帰の世界観を考えることになるだろう。身体が誕生する前の世界や身体が消滅した後の世界について、論理的な整合性をもって考えようとすると、一切が反復する永遠回帰の世界が到来する。世界の一切はすでに起こったことであり、それが繰り返し起こっている。そこに身体とともに投げ込まれた「私」は、すべてを初めて経験するのであるにもかかわらず、永遠回帰の世界が「私」を通じて現れるとそこに既視感を感じずにはおれない。いま私が経験しているこの強烈な出来事は「起こるべくして起こっているのだ」という明らかな運命の感覚を引き起こす。

　序章でも述べたとおり、永遠回帰の世界観を論じることは本書の主題ではない。むしろ筆者が改めて問いかけておきたいのは、**運命的なものをめぐる倫理**である。たまたま生じた事件や出会いに衝撃を受け、それが「起こるべくして起こった」と強く感じる瞬間であればあるほど、ひとはそれを運命として引き受けてしまいやすい。実存主義を徹底していくと、ひとは結局のところ「生きるべきときに生き、死ぬべきときに死ぬ」という死生観にたどり着く。だが、これらすべての場面で共通して現れる「べき」は、「私」という一人称のパースペクティヴにおいて感じられる必然性に閉ざされていることも十分にありうる。

単純だがしばしば起こりがちな例を出そう。ある出会いが、あなたにとって運命的であったとしても、相手にとってそうでないことは十分にありうる。また逆に、相手にとって運命的であったとしても、あなたにとって運命的ではないこともありうる。もっとも、人と人の出会いは間主観的なものであって、主観と主観がたんに意味づけ合うだけの単純なものではなく、自己と他者が出会いの意味を互いに了解しつつ進行する。しかし、そうした間主観性の中で起こる出会いには、「運命」へと昇華されるものもあれば結局のところ「すれ違い」に終わってしまうものもある。では、「運命」なるものをどのように考えればいいのだろうか。

私見だが、このような場面でこそ、出会いがたんに運命であるか否かではなく、出会いが自己にとっても他者にとっても「善い」ものであるかどうかが試される。自他ともに運命を感じるような出会いであっても、それが互いを発展に導く場合もあれば、互いを破滅させるような結末へと導く場合もある。運命的な出会いは、一方で私の個人的なパースペクティヴを超えた、超越的なものからの呼びかけであるように感じられる。とはいえ、それが「善」を実現する出会いであるかどうかは別の問題である。残念ながら、ニーチェの哲学は「善悪の彼岸」[37]を論じてはいても「普遍的な善」を論じることがなかった。だが運命的なものを反復する経験のただ中においてこそ、そこでの決断と行為が普遍的な善へと人を導くかどうかの分岐点であるように思うのである。

第4章

身体を取り戻した心

――メルロ＝ポンティと身体性認知

心なき身体から生きられた身体へ

前章で見たとおり、キリスト教とヨーロッパ文化に流れる霊肉二元論の伝統では、一人の人間を構成する要素を精神と身体にもともと分けて見ており、神に由来する特別な能力として精神をとらえる傾向が強い。もちろん、こうした二元論の見方にも宗教的実践における意義がないわけではない。身体は生を支える根源であると同時に食や性にまつわる欲望の源泉でもあるため、戒律を通じて身体を制御すべき場面が社会生活においては発生するからである。例えば、空腹だからといって他人の食べ物を盗んでいいと考える人はまずいないだろう。キリスト教で最も重視されるモーセの十戒にも「汝、盗むなかれ」という戒律がある。こうした宗教的実践を支える「精神」とは、欲望の源泉である身体を制御する規範的な力である。

実存主義の見方は、こうした規範的なものが介在する場面を一掃し、「いま・ここにただ存在すること」の圧倒的なリアリティに私たちを向き合わせようとするものだった。人間に「本質」はなく、この世界に投げ出された主体であるところの私がただ「存在」するだけである。「私」は生きるべきときに生き、死ぬべきときに死ぬしかない者であって、人間の本質と結合した「かく生きるべし」という規範をもともと持ち合わせてはいない。もちろん、だから「いかに生きるべきか」という問いをめぐって、**おのれの心身全体で**そのつど一回かぎりの決断をしながら進んでいくしかない。ここには、既存の道徳的規範に従って精神が身体を制御するという霊肉二元論が入り込む余地がない。

近代哲学の祖であるR・デカルト（一五九六〜一六五〇）が確立した心身二元論の立場は、両者いずれとも基本的なモチーフが異なる。あるべき規範のもとで心身の関係がとらえられているわけでもないし、あらゆる規範を取り払って心身全体を問題にしているわけでもないからだ。デカルトが自身の哲学を見定めるために実践した「方法的懐疑」はよく知られているだろう[1]。疑う余地のある知識はすべて偽として打ち捨て、疑い得ない知識だけを確実な真理とする方法である。デカルトは自らの哲学を打ち立てるまでのあいだ、世俗社会を離れてオランダに隠棲する一方、人々に受け入れられている穏健な意見と慣習に沿って生活するよう努めている[2]。つまり、心身二元論というデカルト哲学の基本テーゼは、生きることの実践をさしあたり括弧の中に入れることで成立したもので、純粋に認識論的な観点のもとで見出された立場だということである。
デカルトは方法的懐疑を通じて疑いうる考えをすべて棄却していくが、その過程で「私」を支える自己意識の作用を身体から切り離してしまう。彼の心身二元論が端的に表明されている箇所を引用しておこう。

私はそこから、自分がひとつの実体であり、その実体の本質なり本性なりは考えることだけにつきるし、またその実体は有るためにどんな場所も必要としなければ、どんな物質的なものにも依存しないことを認識したのです。ですからこの〈私〉、つまり私を現在あるものにしている〈魂〉は、体とはまるきりべつなものであり、しかも体よりも認識しやすく、たとえ体が無かったとしてもそっくり今あるままであることに変わりはないでしょう。[3]

疑いうるものをすべて除去して思考を重ねると、目の前の世界を含め、およそありとあらゆるものの存在が疑わしいものとして取り除かれ、最終的にはそのように疑いつつ「われ思う（コギト）」ところの自己意識しか残らない。この自己意識はそもそも世界の存在さえ前提としない以上、どんな場所も必要としないし、物質的な媒体を必要としない。したがって、身体が存在しなくても存続するような自己意識である、とデカルトは考える。これを「魂」と呼ぶなら、魂は身体が存在しなかったとしても「そっくり今あるままである」ことになる。

方法的懐疑が社会的文脈から外れて成立していることに注意しておこう。デカルトの考える「身体なき自己」は、生活世界から人間だけを単体として切り出し、さらにその人間における心と身体の関係を考える認識論的な思考実験の中で成立したものである。詳細は別の拙論に譲るが、「われ思う」という自己意識の作用が成立するには、その意識が対象とするなんらかの感覚経験が先行して成立している必要があり、意識作用が前提とする感覚的なものは身体的基盤がなければ成立しようがない[4]。また、デカルトのように「われ思う、**ゆえにわれあり**」という言い方で自己が自己自身の存在について反省的に意識するとき、「意識する側の自己」と「意識される側の自己」へと自己が二重化している。前章でも指摘したとおり、こうした反省的意識が成立するには、身体が自己自身に折り返すという二重性が先行して成立していなければならない[5]。自己意識の成立原理から考えて、「身体なき自己」はそもそも矛盾に満ちているのである。

加えて、デカルトは方法的懐疑を進める中で、疑いを挟む余地のないほど「明晰かつ判明」なテーゼだけを取り出そうとする。しかし、そもそも私たちが自らの身体とともに、あるいは身体を通じて経験していることは、決して明晰でもなければ判明でもない。二〇世紀なかばにモーリス・メルロ＝ポンティ（一九〇八〜一九六二）が展開した身体論は、まさにこの点に関係している。主著の『知覚の現象学』で彼が記述を試みているのは、最初から最後まで「生きられたもの」である[6]。ひとは自らの身体とともに行為しあるいは知覚しているとき、たいていの場合それを暗黙に遂行している、言い換えると行為や知覚の経験をただ「生きている」。メルロ＝ポンティによれば、このように前反省的に「生きられたもの」を反省によって意識にもたらす作業こそ、現象学の核心である。

では、「心なき身体」ではなく「生きられた身体（lived body）」を中心に据えて心身の作用をとらえ直すとき、そこにはどのような認識論が開けてくるのだろうか。本章では、二〇世紀に開花した「認識の科学」ともいうべき認知科学の歴史と重ね合わせながら、そこで身体が占める位置について検討してみよう。

認知科学における「心」

認知科学は心の活動とりわけ「知性」を理解しようとする分野横断的な試みであり、その関連分野は心理学・神経科学・言語学・人工知能・ロボティクス・哲学などへと広がっている。こうした学際的な広がりを持ち得たのは、もともと認知科学が二〇世紀なかばの計算機開発とそれにともなう「情報処理（information processing）」という観点の発展から始まったからである[7]。一般に計算機（computer）は、入力された情報を演算規則に基づいて処理し、その結果を出力として表示する。人間の心もまた、外界から知覚とともに入力された情報を、感情、記憶との照合、推論、判断、意思決定など一連の処理を経て、行為として出力しているように見える。心の活動は計算機が得意とする数値の演算とは種類が異なるかもしれないが、広義の情報処理の過程として理解できそうである。

これは会話を例に取ると理解しやすい。例えば、友人との会話中に「外で雨が降り始めましたね」と言われる。あなたは気づいていなかったが、その一言をきっかけに窓の外を見ると確かに傘をさして通り過ぎる通行人が見えたり、窓についた雨粒が見えたりする。それを確認してあなたはやや困惑した表情を浮かべ、友人に「そうみたいですね」と答える。

この一回の言葉のやり取りには、入力から出力までの一連の情報処理過程が含まれている。相手と会話するあなたの心では、相手の言葉を聞く「知覚」、言葉の意味が分かる「理解」、実際に雨が降っていることを確かめる「判断」、雨が降っているという事実が喚起する「感情」、相手にどう応答するか決める「意思決定」といった処理が生じているだろう（あなたがこの過程を明確に自覚しているかどうかは別として）。こうした情報処理の結果、「外で雨が降り始めましたね」という情報の入力は、「そうみたいですね」という情報の出力に変換される。

心の活動は数値の演算とは違ったタイプの情報処理に見える。だが、意味ある情報を次々に変換して知覚（＝入力）を行為（＝出力）に結びつける過程があるのは確かだろう。では、それを情報処理として理解する試みを推し進めるうえで、どのような考え方を基盤に据えればいいのだろうか。それは主に、外界を心的に表す「表象」、表象にもとづく情報処理を支える「計算モデル」、さらには表象と表象の関係を理解する背景を成す「知識システム」といった考え方である[8,9]。

心のすべての活動は、外界の事物や出来事を心的に表す「表象（representation）」によって成立しているだろう。表象は言語のように記号的なものの場合もあれば、視覚的なイメージの場合もあるが、いずれにせよ外界を内的に再現・代理・表現する（英語ではこれらの語はすべて「represent」である）ものである。表象が処理される過程で、記憶・推論・感情など、各種の心の活動が展開するが、それらは一定の独立性を持つモジュールで処理されているように見える。だとすると、それぞれのモジュールにおける情報処理を支える計算モデル（例えば推論モデルや記憶モデルなど）があると考えられる。また、心的な表象が、言語のように有意味なしかたで処理されるには、それに意味を与える膨大な背景的知識のシステムが心の内部に保存されている必要があるだろう。

一九五〇年代から六〇年代の草創期における認知科学の成果は、これらの要因についてなんらかの新規性を打ち出すことで達成されたものばかりである。例えば、人間の問題解決を模倣するよう設計されたプログラムで世界初の人工知能と呼ばれた「Logic Theorist」[10]、短期記憶のメカニズムは一定の情報のまとまりであるチャンクにもとづくもので保持できるチャンクは7±2であると主張したG・ミラーの「マジカルナンバー」説[11]、言語機能の生得性を仮定して人間の脳に実在する言語機能を解明することを目指すN・チョムスキーの生成文法[12]、などがそうである。

手短かに確認しておくと、情報処理的観点に沿った心の解明という方法論（これを「認知主義」と呼ぶ）が心の解明を目指す科学者のあいだで広く歓迎されたのは、それ以前の心の科学に支配的だった「行動主義」の方法論を乗り越えようとするものだったからである。行動主義はJ・ワトソン（第1章参照）に始まる心理学の方法論で、刺激と反応を結ぶ条件反射の回路をもとに心を理解しようとした立場である[13]。ワトソンは、物理学や化学のように、因果律にもとづく客観的な科学として心理学を脱皮させるべく、人間の行動を因果的に決定づけているように見える「反射」に着目した。

自然現象が原因と結果の連鎖において法則的に生起するのと同じように、生物全般は刺激を与えられると決まったしかたで反応し、その習慣的回路を通じて環境に適応している。このような刺激と反応の総体を「行動」ととらえることができる。この種の行動は、動物の場合には、生得的に備わる「反射」、または学習を通じて確立された習慣的な「条件反射」として成立している。人間の行動は一見すると自由意志にもとづくように見えるが、行動主義から見れば、高度な条件反射の組み合わせとして因果的に理解することができるだろう。また、このような観点から行動の法則を追求していけば、究極的には、刺激から反応を予測すること、反応から元の刺激を逆算することも可能となり、心理学は完成された科学に脱皮することができるだろう。これはまさに、近代科学の先駆として古典物理学が目指したのと同様のやり方で人間を解明しようとする立場である。

行動主義の立場をこのように要約すれば、認知科学の登場が持っていた意義もまた明確になる。端的に言って、行動主義は有機体に外部から入力される「刺激」と外部に出力される「反応」の関係を法則的に理解することにのみ主眼を置いており、有機体の内部で進行しているはずの心的な過程を不問に付した（ワトソンがこのような方法を強調したのは、二〇世紀初頭の心理学が「内観」と称して内面の探究を強調することで停滞に陥っていたからだ）。これに対して認知主義は、「情報処理」という観点に立脚し、行動主義が放置した内的過程を、特定のモデルに沿って心的表象が処理される計算過程として理解しようとしたのである。

だが、認知主義と行動主義、どちらの立場にも哲学的に見れば大きな問題が潜んでいる。それは、外部から観察可能なものを人間の「身体」に見出し、内的で主観的に接近するしかないものを「心」に重ね合わせる思考である。認知科学は情報処理という観点を持ち込むことで「科学」的に心に取り組もうとしているように見えるが、意匠が新しいだけで心それ自体の見方は古い。それは入力と出力のあいだにある情報処理過程であり、計算機を動かすプログラムをアナロジーとして用いることで接近できるものの、内的かつ主観的過程であることに変わりはない。この思考が、**大きな枠組みとして心身二元論を引き継いでいる**ことは読者の目にも明らかだろう。

デカルトが展開した心身二元論を『省察』に沿ってより正確に紹介しておこう[14]。彼は方法的懐疑に沿って確実に認識できる知識を求めた結果、この世界を構成する実体を「精神」と「物体」という二種類に区別した。「精神」は、「われ思う、ゆえにわれあり」という命題に表現されるとおり、自己自身について意識するところの「思考」と呼ばれる作用をその原理とする実体（＝思惟実体）である。これに対して、「物体」は、縦・横・深さという三次元の座標空間に姿を現す「延長」をその原理とする実体（「延長実体」）である。

このような区別を立てると、当然のことながら、人間の身体もまた延長を備えているため、精神とは異なる物体の側に分類されることになる。物体としての身体は、三次元の空間に現れるものであり、他の物体と同じように形・色・固さ・運動などの性質を備えている。身体を理解することは、他のさまざまな物体が相互作用しあう自然界の内部にそれを位置づけ、機械論的な観点から身体の運動や内部の生理学的過程を説明することに他ならない。

他方で、デカルトが精神のはたらきの根幹に見出した「われ思う」という思考の作用は明らかに主観的なものであって、「私」だけがその作用に接近することができる私秘的な性格を持っていることになる。デカルトが「精神」とした実体の作用には、現代の私たちが「心」に帰属させている大半の作用が含まれている。感覚、思考、情動などである。デカルトは晩年、情動と欲望の作用に着目して精神と身体が緊密に結合してはたらく心身合一についても論じているが[15]、後世の哲学と科学に圧倒的な影響を残したのは心身二元論の立場だった。

いずれにせよ、近代の哲学と科学の出発点に据えられた心身二元論をふり返ると、認知科学をはじめとする「心の科学」が、その方向づけや枠組みの設定において深く心身二元論に規定されていることが改めてよくわかる[16]。行動主義は、心を**私秘的なもの**という前提で見ていたために、公共的に観察可能な身体に着目することで、「刺激」と「反応」を結ぶ条件反射の回路として心を解明しようとした。他方、認知主義は、行動主義がとらえそこねた有機体の内的過程に「表象」と「計算」という観点から迫ろうとしたが、それが純粋に心的で**身体から独立した過程**であるとみなす傾向があり、以下で見るように、これが認知科学のその後の発展に支障をきたすことになる。

メルロ＝ポンティと同時代に活躍したイギリスの哲学者G・ライル（一九〇〇～一九七六）は、デカルトに見られるような近代の人間観の底流をなす心身二元論を批判して「機械の中の幽霊」と称している[17]。人間を精神と身体に区別し、一方で身体のはたらきを機械論的な観点から説明すると、単純な因果関係に還元できない熟練された行為や、状況から創発する自発的な振る舞いを理解することはできなくなる。人間が示すそうした局面を理解するには、機械としての身体とは別物の精神を仮定し、それを身体の内部に潜む「幽霊」のようなものとして描写する以外になくなる、というのが彼の批判の趣旨である。

認知科学もこの認識論的な構えを払拭できないかぎり、せっかく有機体内部の「心」を情報処理装置として説明できたとしても、今度は「心」という機械の内部に潜むさらなる「幽霊」を求めて無限後退に陥ることになるだろう。例えば、「思考」を心的表象の計算過程として説明することができたとしても、それが機械論的に説明されるかぎり、その計算過程を引き起こす真の主体は誰か、ということが問題にならざるを得ない。あるいは、脳から発せられる運動指令が末梢の身体運動を引き起こすということが説明できても、それが機械論的な説明を出ないかぎり、今度は運動指令を出すのは誰かが問題になる。これは「脳の中の小人」＝ホムンクルスとしてしばしば指摘される理論上の問題点である。

この文脈の上で、認知科学の限界をめぐって論じられてきた問題にも言及しておくのがいいだろう。ひとつは「記号接地問題」である[18]。心のはたらきを表象の計算過程とみなし、コンピュータによってそれをモデル化すると、モデルそのものは具体的な環境に立脚している身体から切り離されてしまうため、表象（あるいは記号）がどのような実在物を指示していたのかが不明になる。人間にとって「ネコ」という記号が実環境で出会う動物を指すことは自明だが、コンピュータにとってプログラム上で「NEKO」の記号で扱われるものが何を指すのかは自明ではない。人間の知性を人工知能で再現しようとする研究を通じて、記号の接地は具体的な問題（人工知能に記号の意味が理解できないこと）として現れた。身体と一体になってはたらいている人間の心にとって、表象（記号）が環境の中に実在する何かを指示するのは自明だが、身体から切り離された心をモデル化すると、人間の知性が依拠する暗黙の前提（身体と環境に接続していること）が改めて問題化してくるのである。

もうひとつは「フレーム問題」である[19,20]。現実の人間の行為はつねに具体的な環境の文脈のうえで遂行されており、行為の遂行にとってどの程度の範囲で環境的要因を考慮しておけばよいかという枠組み（フレーム）の設定は暗黙のうちに処理されている。例えば、近所のスーパーに買い物に行く場合、途中で雨が降る・知り合いに遭遇する・道路が工事中で迂回せねばならない・スーパーが閉まっている・スーパーは開いているが目的物が見つからない・別の店で欲しい物を見かける・通り魔に襲われる・客がいつもより多い・買い物中に電話がかかってくる・隕石が落ちてくる、といった種々の事態が生じうる。行為の文脈を形成するこれらの情報の中には、行為とは無関係でさしあたり無視してよいものもあれば、行為に影響を与える可能性があり配慮せねばならないもの、行為遂行とともに副次的に発生するものまで、さまざまな性質のものがある。

記号の接地と同じで、人間は身体を通じて具体的な環境に埋め込まれており、環境とのこれまでの相互作用を通じて形成された文脈をすでに保持しているため、どのようなフレームを設定して行為すればいいかは事前に理解できている。これは過去の行為の履歴を通じて形成された一種の暗知であって、行為する人間自身もどこまでが自分の設定しているフレームなのかを明確には理解できていない。そのため、人工知能を実装したロボットを活動させるといった認知科学の応用研究では、フレーム問題が露呈してロボットが設計どおりに動かないという事態に陥ることになるのである。

「われ思う」と「われできる」――身体図式の思想

以上のようにふり返ると、二〇世紀後半に認知科学が形成され発展していく過程で、「心的表象にもとづく内的な計算過程」という心の見方に内在する問題点が露呈してきたとの歴史的な整理が可能である。心の科学である認知科学がその始まりの時点で潜在的に抱えていた理論的な問題点は主に二つある。(1)**心を身体から独立した私秘的な内的過程とする見方**、および、(2)**身体の埋め込まれた環境から独立したものとして心的過程をモデル化する見方**、である。

すでに見たとおり、これら二点はいずれもデカルトの心身二元論にその歴史的な源流を持っている。また、それを端的に表明していた原理が「われ思う（Cogito/je pense/I think）」である。方法的懐疑の末にたどり着いた「われ思う」は、もともと知覚できる現実の実在性を疑った後で出現したもので、環境から独立した実体としてとらえられていたし、身体の有無に依存しない私秘的な自己意識としてとらえられていた。このように純化された「精神」の見方は、心の科学が成立する初期の過程から二〇世紀後半に至るまで、暗に支配的な影響を与えてきたのである。

二〇世紀なかばに現れたメルロ＝ポンティの哲学は、心の科学を根源的な次元で刷新する見方を秘めた最初の理論のひとつだった。このことを端的に示しているのが、「**われできる**（je peux/I can/Ich kann）」という一語である。メルロ＝ポンティは、フッサールから得た着想を発展させ、意識の原初的なはたらきを「われ思う」ではなく「われできる」と言い表している[21]。「われできる」というのは、なんらかの行為が実行可能だという意志の表明ではない。ひとは皆、暗黙のうちにつねになんらかの行為を遂行できる身体を生きている、という事実に対応する表現である。例えば私は、道を歩くこと、誰かと話すこと、息を吸って吐くこと、自動車を運転することなど、とくに明瞭に意識せずとも「ただなんとなくできる」というしかたで無数の行為を遂行している。メルロ＝ポンティの取り組みは、身体から切り離された内的過程として心の活動をとらえるのではなく、暗黙のうちになんらかの行為をなしている身体から出発して心的なものを理解しようとするものである。「生きられたもの」に準拠することは、暗黙のうちに行為する能力を備えた身体から出発するという意味に他ならない。

デカルトのような二元論的な発想に立たずに心を理解するには、心の機能がそこに根ざしている身体のはたらきをとらえなければならない。身体は、環境との相互作用を通じて、一見したところ習慣に従って機械的に作動しているかと思うと、環境の変化に柔軟に対応して創造的に新たな行為を生み出すこともある。ただ、いずれにしても、そのつど与えられた環境に対して行為を通じて応答するのが身体の根源的なあり方であり、それは学習されたスキルに基づく行為の能力＝「われできる」によって支えられている。

メルロ＝ポンティの考えでは、身体に備わるスキルと行為の能力を支えているのが「身体図式（schéma corporel/body schema）」と呼ばれる機能である。この概念は一九世紀末から二〇世紀初頭の神経学において現れ、その後「身体イメージ」の概念と絡み合いながらさまざまな周辺分野に広がっていったが[22]、ここではメルロ＝ポンティの考えに限定して議論を進める。別の拙著[23]でも論じているとおり、彼の考える身体図式はおおよそ次の三つの観点に区別して考えることができる。

第一に、身体図式はたんに身体部位の位置関係や姿勢についての認知を司るだけでなく、**各身体部位の運動を統合しつつ環境に向かう行為を組織化する**ということである。身体図式はもともと神経学で導入された概念で、脳内に保持されていると想定される「身体表象」を意味していた。脳損傷患者の中に、身体部位の認知（たとえば手や足がどこにあるかを認知する）や運動の認知（全身がどのように動いたかを認知する）に支障をきたす者が見られるため、固有感覚や運動感覚に対応する全身の表象が脳内に存在すると想定されたのである[24]。メルロ＝ポンティは、神経学のこうした知見を取り入れつつも、そもそもなぜこうした認知が可能になるのかを問うている。身体部位の認知が可能になるには、全身との関係において当該部位が位置づけられている必要があるし（例えば、肩がどこにあるのか知るには肩以外の部位との関係でそれを位置づける必要がある)、運動を認知するにも、全身の姿勢との関係においてどの部位がどう動いているのかを知る必要がある。だとすると、身体部位や運動の認知を可能にする「**統合された全身**」という参照枠が必要になるはずであり、それこそが身体図式のもっとも基礎的な機能であることになるだろう。

では、どのようにして「統合された全身」を私たちは入手しているのだろうか。メルロ＝ポンティの考えでは、環境へと向かっていく行為を通じて身体が生きられるとき、身体はみずからをひとつに統合しているのである。全身の各部位がなめらかに連動して、ぎこちなさから生じる違和感が解消されるからこそ、身体そのものへと意識が向かわず、暗黙のうちに行為を遂行することができる。逆にこうした有機的な統合が生じていなければ、私は環境にはたらきかける行為に専念することができない。それゆえ、「身体図式は、有機体の計画に対する価値の比率にしたがって、身体諸部位を積極的にみずからに統合する」[25]とメルロ＝ポンティは主張するのである。ひとつの行為は身体のさまざまな部位のさまざまな運動が互いに協調することで成立しているが、全身レベルでそうした協調を生み出しているのが身体図式である。例として、自転車に乗っている場面を思い浮かべるといい。手でハンドルを握りつつブレーキを操作し、脚でペダルを回転させながら、体幹は一定の範囲で前傾姿勢を維持している。上肢、下肢、体幹、それぞれがまったく異なる運動課題をこなしているにもかかわらず、「自転車をこぐ」という全体的な行為の計画に見合うしかたで、力の入れ方や動きのタイミングにおいて協調を保っている。

第二に、身体図式は、環境と関わるうえで**習慣化された行為を堆積する**機能を持つ。生きられた身体が日常生活において遂行する行為の多くは、比較的安定した環境において求められるパターン化された行為である。歩くことや物をつかむことだけでなく、自転車に乗ること、ペンを使って文字を書くこと、箸を使って食べることなど、いわゆる道具使用も習慣化された行為の重要な一部をなす。こうした基本的な行為が習慣として堆積することで、私たちの身体は安定したしかたで環境に関わり、環境に適応することができている（これらの習慣はスキルと呼んでも差し支えない）。もちろん、身体の前に現れる環境はつねに同一の状態を保っているわけではなく、小さな変化や（いつも使用するテニスコートに雨が降って水たまりができたり）、大きな変化をともなう（クレーコートがハードコートに変えられてしまったり）。環境の変化に応じて求められる行為もそのつど変化するため、習慣化された行為は、そのつど与えられる環境に適したしかたで柔軟に調整されねばならない。そこでメルロ＝ポンティも、生きられた身体の二つの層として「習慣的身体（le corps habituel）」と「現勢的身体（le corps actuel）」を区別している[26]。

身体図式は、一方では習慣化された行為を堆積して習慣的身体を形成しつつ、他方では現在の環境に見合ったしかたでそれらの行為を柔軟に組み替えて現勢的身体を生み出している。いわば、身体図式のオフラインの側面が前者、オンラインの側面が後者である。通常の場面では両者に齟齬《そご》はないが、いわゆる幻肢《げんし》のような事例では、習慣的身体と現勢的身体の調整が適切にはたらかなくなる。幻肢は、事故や手術によって四肢の一部を失った場合に生じる現象で、ないはずの手や足に痛みやしびれの感覚が生じたり、それらが動くように感じられたりする。患者は例えば、電話が鳴るとそこに向かって存在しないはずの手が伸びていくのを経験するという[27]。これは、腕を失った現勢的身体では実現できない環境との相互作用を、習慣的身体においていまだ実現しようとする実践的志向が作動するために生じるのである。いわば、習慣的身体の層に堆積されていて「身体がおぼえていること」が環境の要請に応じて発現する点に幻肢の症状のひとつの特徴がある。

第三に、身体図式は学習された運動行為を習慣として堆積するとともに、**環境中の行為可能性を知覚できるようにする**。認知科学で一般にそう考えられているように、知覚とは、環境に由来する刺激をただ受動的に受け取り、神経と脳で一定の像へと加工する過程ではない。神経系はもちろん重要な役割を果たしているが、受け取った刺激を脳へと伝達する以前の段階で、私たちは自己の身体を通じて環境の特定の側面を意味あるものとして切り出しているのであり、受容器に入力される刺激そのものがすでに一定の取捨選択を経ている。メルロ＝ポンティの考えでは、このような選択的機能を担っているのが身体図式に備わる行為可能性なのである。例えば、イスという対象は私には「座れる場所」として知覚されるが、それは私の身体がヒトの身体として一定の形状と運動性を備えているからであって、アリの身体やゾウの身体ならば「座れる場所」として知覚されることはない。また、身体はみずからに備わる行為可能性を周囲の環境に投射することで、与えられた環境を生存にとって意味ある場所として浮かび上がらせている。「身体図式の理論は暗に知覚の理論である」[28]という印象的な一文をメルロ＝ポンティも残している。

そして、身体図式が行為可能性にもとづく知覚を準備しているからこそ、いちど学習された運動は反省を要することなく「身体が知っている」（身体知）ようなしかたで状況に応じて発動することができる。字を書くとき、自転車に乗るとき、食べ物を口に運ぶとき、私は紙や路面や食べ物といった対象の側を明瞭に意識するのであって、行為を実現するのに必要な運動の手順を頭の中で組み立てたりはしない。身体が背景化して行為が暗黙のうちに遂行されることと、対象と環境が前景化して明瞭に知覚されることは表裏一体の関係にあって、運動学習を通じて習慣化した無数の行為が身体図式に堆積することで、身体が背景化することが可能になっている。このような状態が実現するには、心的表象が媒介することなく知覚と行為がダイレクトに結ばれる必要がある。反射のように意図を必要としない状態ではなく、自転車を運転する全般的な行為の意図に合致して、下り坂の知覚がブレーキをかける行為に直結しておのずと生じるような状態である。

以上のように整理すると、メルロ＝ポンティの身体図式論がいわば「受肉した意識」の思想になっていることが理解できるだろう。前章で指摘したとおり、意識はつねになんらかの対象へと差し向けられており、自らが背景に消え去ることで対象を眼前に現れさせる。じつは、このような意識の性質を具現化しているのが私たちの身体、暗黙の行為を可能にする「生きられた身体」なのである。そして、生きられた身体の中核にあるのが身体図式の機能である。身体図式はつねに全身の各部位を具体的な行為を通じてとりまとめ、身体に意識を向けずとも滑らかな行為を実現し、行為の対象と、対象を取り巻く環境とを私の前にそのつど現れさせる。サルトルの言う「それがあらぬところのもの」として意識が背景に消え去ることができるのは、意識が身体に受肉し、暗黙の行為へと織り込まれるからに他ならない。

身体化された心——ヴァレラらの見方

一九八〇年代後半になると認知科学においても従来の情報処理的観点への反省が始まり、そこに身体性が欠落していたことへの認識が急激に広まっていく。そして一九九〇年代初頭になると「身体性認知科学(embodied cognitive science)」と呼ばれる第二世代の認知科学が明確に打ち出されるようになる。この流れを決定づけた一冊にF・ヴァレラ(一九四六~二〇〇一)らが一九九一年にMITプレスから刊行した『The Embodied Mind』があるが(二〇〇一年に『身体化された心』として邦訳が出版された)[29]、ヴァレラらが本書で方法論的な支柱としたのが、生きられた経験をありのままに記述しようとしたメルロ=ポンティの現象学だった。つまり、メルロ=ポンティの思想は没後三〇年経って、身体性認知科学を裏打ちする哲学的方法として再発見されたのである。
一般に、環境についての**認知が主体の身体性に依存する**との見方を指して「身体性認知」と呼ぶ。単純な例を一つ挙げてみよう。ヒトと比べて、ウマの視野はかなり広い。顔の形状が大きく異なるからである。ヒトの眼球は平板な顔の前側についているのに対し、ウマの眼球は長く突出した鼻を挟むようにして顔の両側についている。当然のことながら、ヒトの両眼視野はおよそ二〇〇度の広がりしかないのに対して、ウマでは三五〇度に広がっている。つまり、ヒトとウマでは「眼球の配置」という身体構造が異なり、それに依存して視覚的に認知できる世界のあり方も大きく違っている、ということである。
この事例のように、身体構造と知覚の関係に着目すれば、エージェント（主体）の認知がその身体性に依存するということは自明である。ただし、身体性認知という場合の「認知」は知覚だけを意味するのではないし、「身体性」もまた身体構造だけを意味するものではない。『身体化された心』の著者の一人E・トンプソン（一九六二〜　）は、別の著作で身体性認知アプローチの特徴を次のように簡潔に要約している。

身体化されたアプローチの中心的な考えは、認知とは、状況に立脚した身体的行為におけるたくみな方法知（know-how）の実践である、ということにある。[30]

この要約の背後には、メルロ＝ポンティが凝縮して表現した「われできる」の哲学がある。身体性とは、たんに認知主体の身体の形態や構造を意味するのではない。主体が環境のなかで遂行するスキルフルな行為こそ、身体性の核心である。したがって、そうした行為を支える方法についての知（know-how）は、身体性認知では重要な位置づけを持つことになる。じつは、先に紹介した哲学者のライルもまた、私たちが保持する知には「内容知（knowing that）」と「方法知（knowing how）」があり、「心」の概念を検討するうえで後者に着目することが重要だと指摘していた[31]。

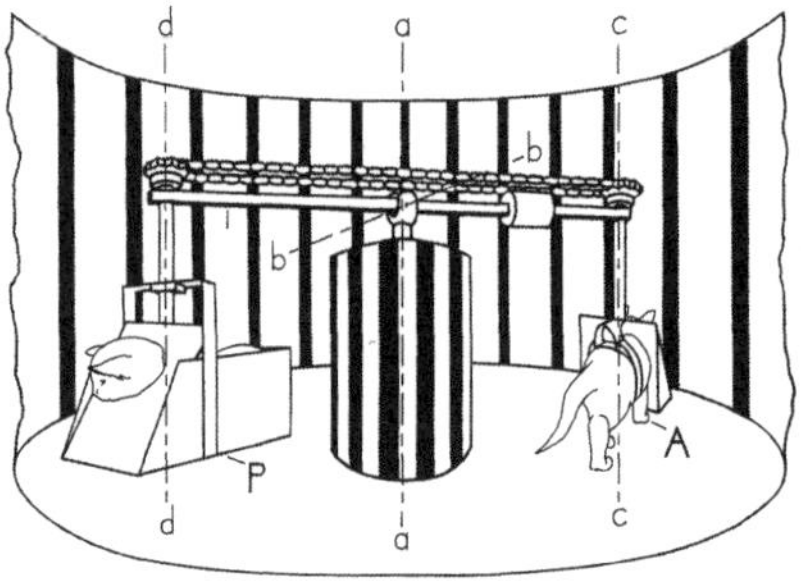

図4—1：ヘルドとハインによる視覚学習実験

行為を支えるスキルと知覚の関係について示唆に富む古典的な実験があるので、ここで改めて取り上げておこう。実験心理学者のR・ヘルドとA・ハインは、視知覚を題材にしてかつて次のような実験を行っている[32]。筒状の装置の中に二匹のネコを吊るし、一匹は自足歩行可能な状態で、もう一匹は木箱の中に全身を入れて受動運動しか経験できない状態で、視覚刺激を与える（図4—1）。二匹は同じ母親から生まれたネコで、一定の運動能力が身につくまで光のない暗所で飼育されている。したがって、装置の壁面に反射する光が生まれて初めて受容する視覚刺激である。実験では、生後八週〜一二週までの一〇組のネコが比較された。

この状態で視知覚を学習させたところ、(a)視覚に誘導された足の配置（胴体を持って床に近づけていくときに着地準備のために脚を動かす動作）、(b)視覚的崖の回避（床下が見える透明なガラスの通路の前で立ち止まる）、(c)接近する対象への瞬き反応（実験者が手を顔面に向かって近づけると瞬きして反応する）、以上(a)〜(c)のいずれのテストでも、受動運動のみで飼育されたネコは、適切に反応することがなかった。

テストの結果が意味するところは明らかだろう。(a)〜(c)いずれの課題でも、焦点となっているのは奥行きの認知である。自足歩行を経験できたネコは、歩行することに関連づけて環境の見え方が一定の規則とともに変動することを学習している。自ら歩行すると、視野の中で同一色の対象がより広い面積を占めたり（対象に近づいたとき）、逆により狭い面積を占めたりする経験が生じる（対象から遠ざかるとき）。この関連づけを通じて、自己身体が対象へと近づく、対象から遠ざかるという運動経験の意味が構成されるのである。(c)のテスト結果がわかりやすいが、運動経験のないネコにとっては、近づいてくる実験者の手は、視野の中で肌色の占める面積が平板に広がっていく事態としてのみ経験され、「手が近づいてくる」という意味を持たないだろう。だから、対象と衝突しないように目を閉じるという瞬き反応を示さないのである。

だとすると、認知主体が経験する奥行きの知覚は、環境内を自律的に動き回り、対象との距離を調整する身体的行為の能力に依拠していることになる。トンプソンは先の引用箇所で、認知がたくみな方法知の実践であると指摘していた。ヘルドとハインの実験は、歩行するという運動スキルに依存して視知覚の内実が大きく変化することを示唆しているが、これと同様に、認知主体の身体に備わる無数のスキルが、具体的な認知をさまざまに変化させるのである。身体性認知のアプローチにおいて「認知が主体の身体性に依存する」と主張される場合、そこでの身体性は、身体の形態、構造、素材などに加えて、**身体的行為、行為を支える種々の能力（スキル）**までを含むのである。

身体が遂行する行為とその能力が私たちの認知を支えているという身体性認知の見方は、一九九〇年代以降になるとさまざまな科学的研究で確かめられていく。代表的な知見をいくつか紹介しておこう。例えば、言語の処理と身体行為の相関を調べたものにA・グレンバーグらの研究がある[33]。彼らは、身体に対して求心的または遠心的な方向性を示唆する文章を用意し、その文意が理解できたときに身体から遠いボタンまたは近いボタンのいずれかを押して回答させた。例えば、「引き出しを閉じる」は手を遠ざける運動を示唆するので遠心的な含意の文章、「ノートを手渡された」は手を近づける運動を示唆するので求心的な含意の文章である。こうした文章では、含意する身体運動とボタンの位置の遠近が一致する場合で被験者の反応が有意に速くなる。すなわち、「求心的方向性の文―近いボタン」「遠心的方向性の文―遠いボタン」の組み合わせでは、文章の含意する運動と回答に随伴する運動の方向性が一致するため、処理が有意に速くなるのである。言葉の意味を理解するという認知過程は、それと構造的な類似性を持つ感覚運動的過程によって支えられていることが示唆される実験結果である。

また、やや違った角度から「頭の中」の認知過程がいかに身体運動によって代替されているかを示すものに、野球の外野手がフライをキャッチする過程[34]や、飛んでいるフリスビーをキャッチするイヌの運動過程[35]について調べたM・マクベスらの研究がある。飛んでいる物体をキャッチする場合、人間であれイヌであれ、物体の飛んでいく速度と方向を考慮して頭の中で落下地点を予測し、そこに向かって走っていくことが必要に見える。だが、外野手やイヌが走行する軌跡をボールやフリスビーの飛行軌跡と重ねてみると、対象の運動軌跡の方向性を同時にミラーリングして走行しながら、対象の運動の持つ曲線を相対的にキャンセルするような運動を行うことで、対象をキャッチすることが可能になっているという。つまり、頭の中で立てた予測地点に向かって走っているのではなく、飛行物体に身体の運動方向を鏡写しに沿わせて走ることで予測的な認知過程を巧みに代替しているのである。いわば、ボールやフリスビーに自己の身体をカップリングさせて行為することが、それらの落下地点を計算するうえでの「コツ」としてはたらいているわけである。

この例は「身体の巧みさ」が「身体の賢さ」でもあることを物語っているが、これは身体に接続される道具がある場合でも同様らしい。D・カーシュとP・マグリオは、ビデオゲーム「テトリス」のプレイヤーを対象に興味深い例を見出している[36]。テトリスは、正方形四つをさまざまに組み合わせた形状のブロックが上から落ちてくるのに合わせて、それを下方の凸凹にうまくはめ込んで整列することでプレイするゲームである（図４—２）。研究によると、経験豊富なプレイヤーは、ブロックを実際に画面上で回転させて一種のシミュレーションを行うことで、頭の中でメンタルローテーション（想像を通じて心的に回転させる作業）を行うよりもずっと素早くプレイしているという。実際、メンタルローテーションに頼ると約一〇〇〇ミリ秒の時間がかかるのに対して、画面上でのシミュレーションなら約一〇〇～三〇〇ミリ秒しか判断に時間がかからない。一定程度以上に高速でテトリスをプレイするために必要な判断は、画面に表示されるブロック、ブロックを動かすコントローラ、ゲームを操作する手の動き、すべてが揃

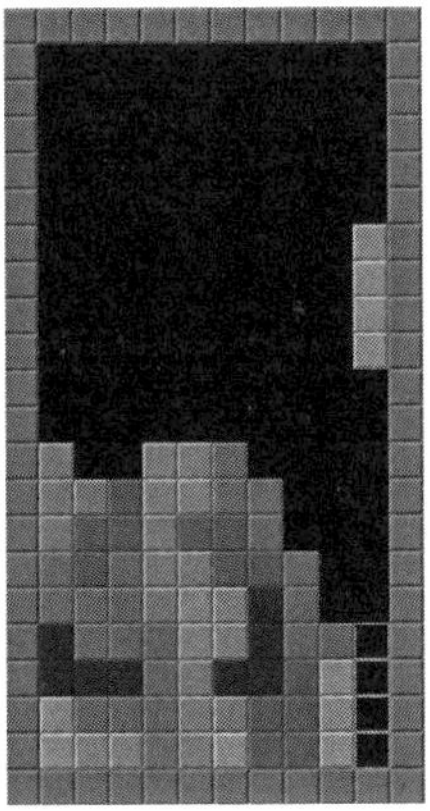

図４—２：テトリス

わなければ実現しない。つまり、環境とカップリングされた身体が、純粋なメンタルローテーションに代わってより速くより正確に認知を遂行しているのである。

身体性認知（概念化・置換・構成）から4E認知へ

哲学者のL・シャピロは、これまでの身体性認知研究を概観し、身体性認知科学が大別して次の三つの仮説のうちの一つ、または複数を扱う研究を展開してきたと指摘している[37]。それは、(1)概念化、(2)置換、(3)構成の三つである。これら三つは、外界についての心的表象を計算する過程として認知をとらえる伝統的な認知主義に代わる観点をそれぞれの仮説において保持している。

第一は、「**概念化仮説**」である。身体の構造や行為能力など、身体に備わる属性によって、有機体が世界を理解するしかた（世界を概念化するしかた）が制約されるという仮説を指す。この仮説の先駆として挙げられるのは、言語学者のG・レイコフ（一九四一〜　）と哲学者のM・ジョンソン（一九四九〜　）が展開した認知意味論である[38]。彼らによると、ひとが言語を用いて意味あるしかたで世界を理解したり思考を展開したりできることの根底には、言語使用に不可欠にともなうメタファー（隠喩）の機能がある。しかも、それらのメタファーのうち最も基本的なものは、もともと言語の規則それ自体に由来するのではなく、身体に備わる感覚運動メカニズムに由来する。身体が環境とのあいだで経験する相互作用には、知覚と行為に含まれる一定の基本的なパターンないし型がある。「内—外」「近い—遠い」「前—後」「方向」「力」「バランス」などはそうした型の代表的なものである

（この点が先のグレンバーグらの実験に着想を与えていた）。

これらは、言語表現を自ら組み立てたり理解したりする際の基礎的な型である「イメージ図式」として機能し、言語を意味あるものとして用いつつ世界を認知することを可能にする。例えば、「家の前にイヌがいる」という表現で自分の知覚経験を語る場合、家とイヌの空間的関係を示す「前に」は客観的に実在するわけではない。自己身体を基準にして決まる「前―後」を家とイヌの空間的関係へと置き換えることで成立している。さらに、イメージ図式は物理的次元から心理的次元へと投射されることで、あらゆる隠喩表現の意味を支えている。たとえば「前向きに生きる」という表現は、身体行為の可能性がより豊かに開けている「前」という空間での経験のパターンが心理的次元に投射されることで、「人生の可能性がより豊かに開ける方向に向かいつつあることを信じて生きる」、という言葉の意味を構成しているのである。

人間は計算機とは異なり、身体を通じて具体的な環境内に立脚していることで、先に言及した「記号接地問題」に直面せずに済んでいる。逆に、人間が使用する言語的な記号の意味は、世界内での感覚運動的経験に起源を持つ。環境と相互作用する際の知覚と行為の経験から、異なるモダリティを横断して生じるパターンが見出され、それが記号の表現する実在物の意味を支え、さらには、心理的次元でより高度に構造化された隠喩的な言語の意味を支えている。抽象的な言語の使用も、もともとは現実世界の知覚・行為と連続しており、世界にグラウンディングしているのである。逆に、記号を意味あるものとして利用できる認知主体は、記号と世界を媒介する身体と、その身体が具体的な環境の

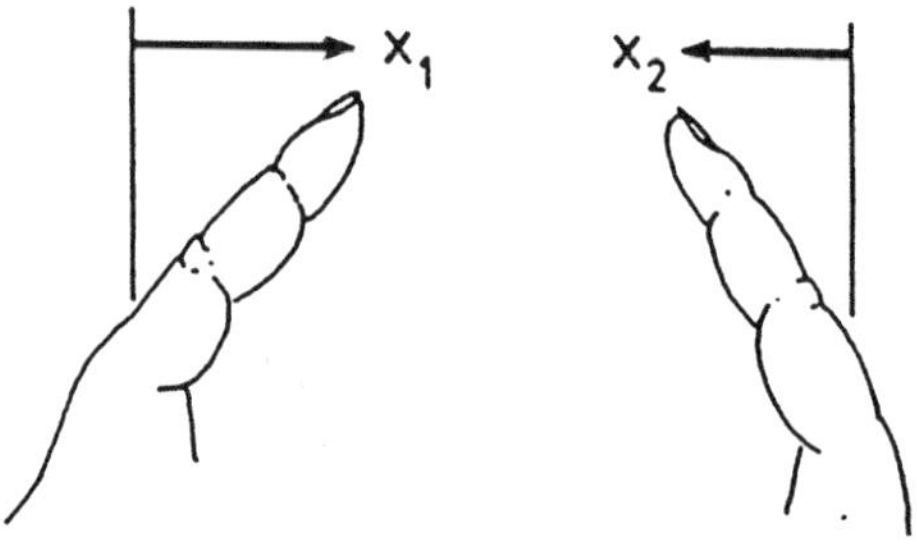

図4―3：人差し指をこの図のように構え、同時に左右の同方向に振る。テンポを速くすると同方向で振ることができなくなり、中央で接近するような動き方に変化する。（Haken, Kelso & Bunz, 1985）

なかに埋め込まれている（embedded）ことを必要とする。

第二は「**置換仮説**」である。これは、世界についての心的表象の計算過程として認知を理解する従来の方法を別の説明原理によって置き換えようとする仮説を指す。この仮説の代表例が「ダイナミカルシステム理論」である。周知のとおり、個々の要素に還元できない有機的なまとまりをもつ全体を「システム」と呼び、そのうち、時間の経過とともに一定の変化を示すものを「ダイナミカルシステム」と呼ぶ。身体性認知は、認知主体の身体が具体的な行為を介して環境と相互作用する過程に認知の重要な局面を見出す。したがって、身体とそれを取り巻く環境をダイナミカルシステムととらえ、その全体が時間の経過とともに展開する様子を説明するアプローチがここでは採用される。

認知科学においてよく言及されるのは、H・ハーケン、J・ケルソー、H・ブンツの三人が提示したHKBモデル（図4―3）である[39]。彼らは、両手の人差し指をメトロノームに合わせて左右に振る実験を行い、そこで見出された結果をモデル化した。参加者は、比較的ゆっくりしたテンポであれば両手の指を同時に左右に振ることができるが（逆位相の動作）、テンポを早くしていくと両手の指は同時に中央で接近するような動き方に変化する（同位相の動作）。つまり、環境条件であるメトロノームのテンポに応じて身体部位の協調が異なったパターンで組織化され、システムがそちらに向かって誘導される領域（アトラクター）が二つ存在するということである。

興味深いことに、ダイナミカルシステム理論が提供するこの種のモデルは、認知主体の内的過程をとりたてて説明するものにはなっていない（先に挙げた飛行物体をキャッチする認知主体の研究がそうだったように）。むしろ、環境によく適合する行為が自己組織化されて生じる様子を力学的に説明する原理になっている。これは言い換えると、認知主体が適応的に振る舞おうとして内的に行っている計算（例えば行為手順の構想や意図の発動など）が、同時に「身体―環境」というシステムとして実現されていること、または、そうしたシステムの一部に組み込まれて初めて十分に機能することを示唆する。これは、初期の認知科学が計算機の内部プログラムとして認知過程を理解しようとしたのとは対照的である。認知過程として生じる心の活動は、計算機というハードウェアから取り出して別の計算機に移植しても同じように作動するソフトウェアではない。認知主体の身体が具体的な環境に埋め込まれて初めて十全に機能する「システム」なのである。メルロ＝ポンティは「身体図式」を脳内の「身体表象」としてとらえるのではなく、「身体部位の統合―具体的な行為―行為を可能にする環境」という全体的なシステムとしてとらえようとしたが、この着想を認知研究へと展開すれば、自ずとダイナミカルシステムのような観点へと発展していくのである。

そして第三は「**構成仮説**」である。身体および環境は、認知過程に対する外的要因として影響を与

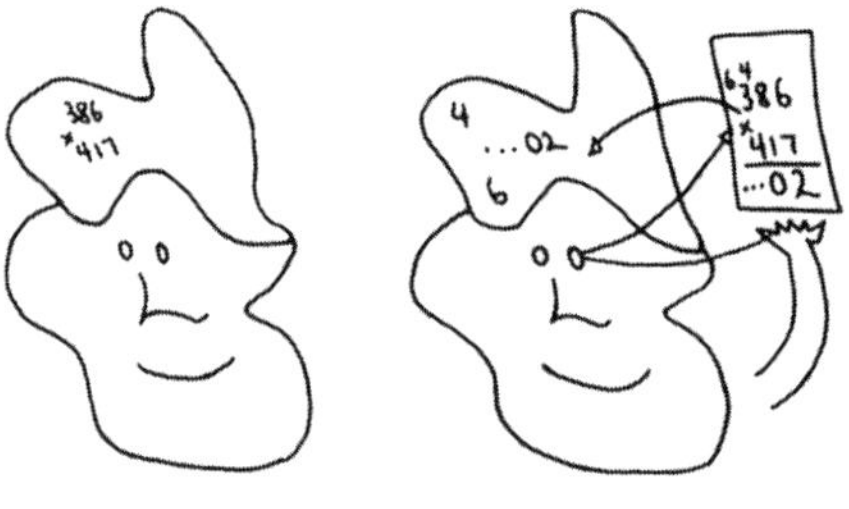

図4—4：3桁×3桁の掛け算（Wilson, 2004）

えているのではなく、認知そのものを構成する積極的な役割を果たしているという仮説を指す。例えば、意図的に作った笑顔であっても、それが喜びの感情を促進する効果を持つことは現在ではよく知られている。スティックを口に咥《くわ》えてなかば強制的に笑顔を作った状態であっても、動画を見たときに主観的に感じられる面白さが強められたり、心地よさを表現する文章の意味理解が早められたりする[40]。かつて感情のジェームズ＝ランゲ説で主張されたように、身体末梢の状態が感情認知を構成する面は確かに存在するのである。この意味で、第2章で取り上げた「筋肉の鎧」は、喜怒哀楽の感情を生き生きと感じられない主体を実際に作るといえる。

　これだけではない。身体および環境はより複雑で入り組んだ認知過程をボトムアップに構成する。この点を説明する際、R・ウィルソンが提示した図4—4がしばしば引用される[41]。一般に認知主義の立場では、外界から刺激を受け取った後で生じる内的な計算過程として認知がとらえられている。だが、認知が現実に進んでいく過程は必ずしも内的なものには限定されておらず、身体、道具、環境の一部を不可欠に巻き込むことで成立している。図が例示しているのは掛け算の計算過程である。九九のように一桁×一桁の掛け算なら暗算として頭の中だけで実行できるだろう。しかし、三桁×三桁になるとそうはいかない。ペンを使って紙の上に数字を書き、一桁×一桁の掛け算と足し算に分解し、規則に沿ってそれらを合算することでようやく結果を得ることができる。つまり、一定程度以上に複雑な掛け算は、純粋に内的な認知過程として実現できるわけではなく、書く道具としてのペン、数字を記入する紙、書く行為を実行する身体、これらすべてが揃って初めて実現できるのである。

だとすると、認知はやはり純粋に内的な過程として成立してはいない。身体とその運動、身体と連動する道具、道具とカップリングされる特定の環境、これらすべてが思考や判断といった認知過程を構成する一部として機能している。さらにいえば、そうした認知過程が心の活動であるとするなら、心はたんに脳内過程として成立しているわけではなく、身体や道具や環境とともに成立していることになる。この点に関連して、哲学者のＡ・クラーク（一九五七～　）とＤ・チャーマーズ（一九六六～　）は、心の活動が個体の内部に閉ざされておらず、むしろ外界へと拡張して成立していることを指して「拡張した心（extended mind）」という見方を提示している[42]。主体が遂行する認知は、その活動の一部を適合する環境に担わせること、すなわち「オフロード」することで成立しているのである。

以上のように、身体性認知科学の具体的な発展を踏まえつつ、改めてこれらの研究が指し示す認知と心の見方を概観すると、「身体性（embodiment）」に始まる四つのＥが連動していることが理解できるだろう。

第一に、たんに身体の形態や構造が問題なのではなく、認知主体がその身体によって遂行する行為

（action）を通じて認知が実現していること。行為を通じてそのつど認知が実現される様子は「エナクティヴ（enactive）」と形容する。第二に、認知主体の「頭の中」で生じていることは、それ自体を独立して見るのではなく、環境の中に埋め込まれた身体がさまざまな相互作用を環境と繰り広げる過程と合わせてとらえねばならないこと。認知が具体的環境の中に埋め込まれて成立していることを「エンベデッド（embedded）」と形容する。第三に、認知の活動は個体の内部に閉ざされておらず、身体を介して道具や外界を巻き込みつつそれらへと拡張して成立していること。この拡張性を「エクステンデッド（extended）」と形容する。

したがって、身体性の観点から認知をとらえることは、「embodied」であることに加えて「enactive」「embedded」「extended」な観点から認知を解き明かすことでもある。そのため、二〇一〇年頃から身体性認知は「4E認知（4E cognition）」という拡大した名称で呼ばれることも増え、現在ではほぼ定着している[43]。もちろん、これらの観点が個別の研究ですべて並立するわけではないが、4つのEがさまざまに重なり合いつつ具体的な研究が現在も進められている。

身体と環境の「あいだ」に拡がる心

以上の検討を経て私たちがたどり着くのは、**心の見方の根本的な変更**である。デカルトが既定路線を与えてから長らく、「心」なるものは、外側から窺い知ることができず、身体の内側にあって本人にしかアクセスのできない私秘的な認知過程であるとの見方のもとでとらえられてきた。だが、身体性認知を始めとする４Ｅ認知は、大枠ではこのような見方をほぼ乗り越えつつある。

私たちが依拠するのは、「われ思う」という私秘的な自己意識ではなく、「われできる」という潜在的な行為の能力として受肉した意識である。行為の能力は学習されたスキルとして身体図式のうちに沈殿し、私たちが周囲の環境を知覚する際に、環境の特定の側面を意味あるものとして切り出してくる。私たちは暗黙のうちに「そこで私は何ができるのか」という**行為可能性**を周囲の環境へと投射し、環境から反響として返ってくるものを知覚している。例えば、海は「泳げそうな場所」や「溺れそうな場所」に見えるし、ボールは「つかめるもの」「投げられるもの」に見える。こうした知覚が成立するのに、受容された感覚情報に対して脳内で記憶や概念を付与する必要はない。むしろ脳は、身体と一緒になって行為可能性を環境へと投射することに一役買っているのである。

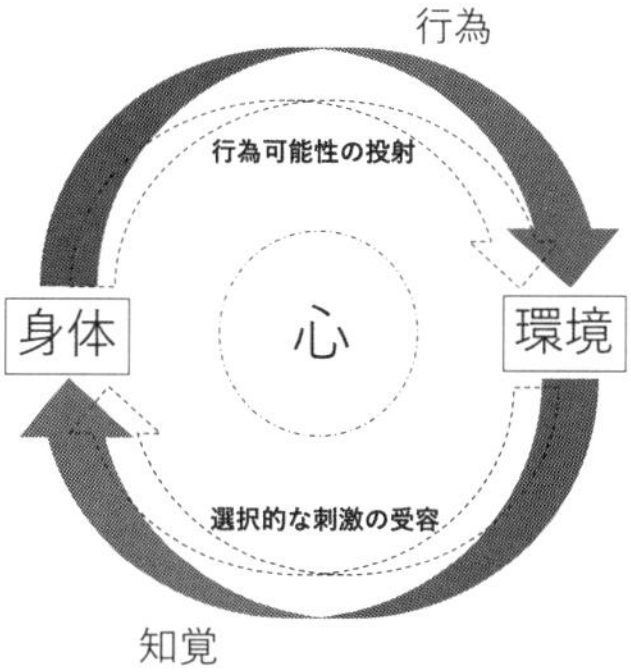

図４—５：身体化された心

また、複雑な思考や判断の過程も、実際には具体的な行為を巻き込むことで成立している。メンタルローテーションはそれを補助するイメージや回転道具があることで格段に速度を上げるし、三桁×三桁の計算は、頭の中に保持されている計算規則が、手と紙とペンとうまく連動することで初めて具現化できる。他者の心的状態を読み取る場合のような、複雑な社会的知性も同様である。私たちは相手の心について推論や想像するだけでなく、自己の表情やしぐさを相手のそれに共鳴させることで他者理解のために必要な感触を得ている[44]。他者のいる社会的環境もまた、身体がそこに埋め込まれることで私たちの心の活動を成り立たせる根拠なのである。

したがって、4E認知に依拠する心の見方は、心を身体や脳の内部には位置づけない。**心をむしろ身体と環境の「あいだ」に拡がるものとしてとらえる**（図4―5）。デカルトによって身体から切り離された心は、身体を取り戻すことにとどまらず、さらに身体を超え、身体と環境の「あいだ」、自己の身体と他者の身体の「あいだ」に拡がるものとして見えてくる[45][46]。「大きな理性」の現代的展開として見えてくるもののひとつが、この「あいだ」に拡がる心であると言ってよいだろう。

第5章

身体イメージと現代

——「付き合いにくい存在」か「大きな理性」か？

「理想の身体」と身体イメージ不満

鏡に映る自分を見てちょっとした違和感を抱いた経験は誰にでもあるだろう。トイレの鏡に映る自分の顔を見て「少し前に髪を切ったばかりなのにもうこんなに伸びたのか……」と気づいたり、試着室の鏡に映った全身を見て「もしかして太ったのではないか……」と嫌な気持ちになったり、といった経験である。女性であれば、眉や唇やアイラインなどメイクの際にこだわりのある顔のパーツがあって、鏡を見ながら仕上がり具合を気にすることもあるだろう。こうした何気ない日常経験の中に、「身体イメージ」について考察する手がかりが潜んでいる。髪が伸びたことに気づくのは「髪がそれほど伸びていない自分」のイメージが、太ったかもしれないという感慨を抱くのは「より痩せている自分」のイメージが、心のどこかにあったからに違いない。メイクの仕上がりにこだわることができるのも、理想的に仕上がった自己のイメージがメイク作業を導いているからであろう。

明瞭なイメージではないにせよ、私たちはなんらかのしかたで自己の身体についてのイメージを心に保持しており、これを「身体イメージ」と呼ぶ（英語ではbody imageで、日本語では「身体像」と訳したり「ボディイメージ」と表記したりもするが、本書では「身体イメージ」で統一する）。身体イメージは一方で、鏡に映った身体を「自己の身体」として認知する際の手がかりとなるが、他方で、鏡や写真などに映った姿が視覚的なフィードバックとなってそのつど更新されるものでもある。また、メイクへのこだわりのように、一種の「理想化された自己像」という一面を持ち、ひとをダイエットや筋力トレーニングへと導くこともある。

心理学で身体イメージの研究が組織的に進められるようになるのは二〇世紀後半になってからのことで、いわゆる「シルエット法」と呼ばれる図像がしばしば用いられてきた。図５—１のように、痩せ型から肥満型まで順に変化していく体型の図版を並べ、現在の自己の体型に最も近いと思うもの、自分が理想とする体型に最も近いもの、異性から見て魅力的な体型に見えると思うもの、などを選択させることによって身体イメージについて調査する方法である。

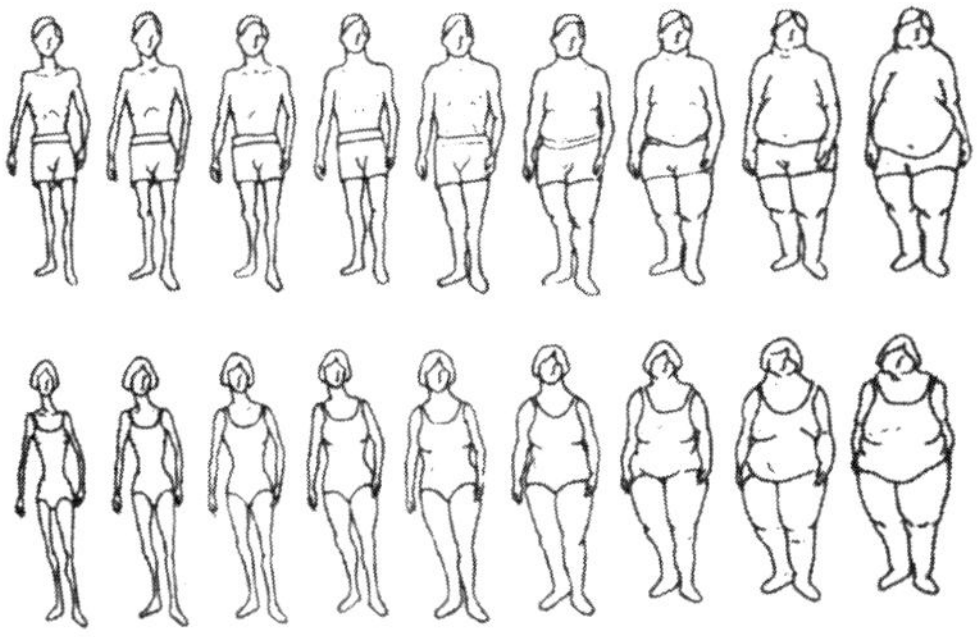

図５—１：身体イメージを調査するシルエット法[1]

特に、「現在の体型」と「理想の体型」の差異は「身体イメージ不満（body image dissatisfaction）」を示す指標として注目され、過去の調査では結果に一定の性差が見られることも指摘されている。女性を対象とする調査では、理想の体型は安定して左側にずれる結果となりやすい。つまり、「現在よりも痩せた体型」が理想化される傾向が見られるのである。これに対して、男性では理想の体型が左側にずれるだけでなく右側にずれる場合も見られる（そのためデータを集団で平均化すると男性では不一致が小さくなりやすい）。男性の場合は自己の身体を「細すぎる」「貧弱だ」などと認知している場合があり、理想の体型の回答が右側にずれることもあるというわけである[2]。

もちろん、こうした傾向は身体イメージの古典的な研究が進められた一九八〇年代に見出された傾向であり、ジェンダーにまつわる身体イメージそれ自体が揺らぎ、かつ多様化している現在では、かつてほど典型的な傾向は見られなくなっているかもしれない。ここで指摘しておきたいのは、そもそも身体イメージが時代や文化に影響を受けるということである。もともと女性のあいだで「痩せた身体」が美しい姿として理想化されるようになったのも二〇世紀後半になってからである。最近まで、映画、テレビ、ファッション誌を飾る若い女性の姿は、総じて背が高くすらっとしていて脚も長いというのが定番だった。身体イメージ研究で知られるS・グローガンによると、西洋社会ではこの傾向が一九五〇年代の映画スターであるグレース・ケリーやオードリー・ヘップバーンとともに顕著になり、一九六〇年代に入ってファッション・モデルのツイッギーの登場で決定的になったという[3]。年代に多少のずれはあるが、日本社会も同様の傾向をたどったように見受けられる。

メディアに登場する有名人の姿は、「理想の体型」として社会的に受容され流通するようになるとともに、女性が自らの身体を省みて不満を募らせる原因にもなっていく。メディアが好んで掲載する身体が女性のあいだで「身体イメージ不満」を形成する要因になっていることは、従来の研究でも指摘されてきた[4]。また、こうした社会的動向を象徴している病理として「拒食症（Anorexia Nervosa 神経性無食欲症）」がしばしば挙げられてきた。一九六〇年代から精神科医のあいだで注目されるようになったこの病理は、人気音楽デュオ「カーペンターズ」のヴォーカル、カレン・カーペンターが一九八三年に拒食症で亡くなったのを機に社会的にも注目が高まった。八〇年代後半になると、厳密な実数がわからないながら、拒食症患者が増加していているとの言説が定着するようになっていった[56]。

拒食症の詳細にここで立ち入ることはしない。筆者が着目したいのは、「身体イメージ不満」という新たに登場した概念に端的に示されているように、二〇世紀後半になると「理想の身体」がマスメディアを通じて流通し、「現実の身体」との不一致が人々のあいだで広く生きづらさを生じさせるようになったのではないか、という点である。ひとが生まれつき与えられる身体は多様なもので、健常なだけでなく種々の障害をともなっていることもある。皮膚の色もさまざまだし、性別の違いがあるだけでなく、同性間での体つきにもグラデーションがある。これに対して、特定の姿をした身体だけが理想化されれば、人々は現実に与えられた自己の身体と理想との落差の中で違和感や不満を募らせ、自己の身体を変えようと努力し、さして変化しない身体を前に困惑することだろう。成功しないダイエットがこの種の経験の典型だろうが、こうした風景が日常的なものとして定着するほど、二〇世紀後半以降、自己の身体は「付き合いにくい存在」になってしまったように見える。

かつての拒食症ほど人々の耳目を集める現象にはなっていないが、一九九〇年代から現在にかけて社会的認知が広まりつつある別の病理に「身体醜形障害（body dysmorphic disorder）」がある。醜形恐怖症とも呼ばれるこの病は、当事者が自己身体の容姿についてなんらかの欠点があると強く信じ込む症状を特徴としている。大きなあざや脱毛のように他人の目につくものではなく、目や鼻の形、にきび跡、やや濃い体毛、顔や頭の形、胸や腹部の形など、他人には認識できないかできても些細なものに見える欠点にこだわるところに症状の特徴がある。本人はこれら身体部位への不安と憂慮を強く抱き、他人から変に見られていると思い込み、強迫的に何度も鏡を見て確認したり、他人の身体部位と見比べたり、過剰に身繕いをしたりする[7]。整形手術によって該当部位を変えてしまう当事者も多いが、興味深いことに、手術によって満足するよりもむしろ不満を募らせ、さらに手術を重ねる者も少なからず見られるという[8]。

マスメディアが発達していなかった時代にも、もちろん人々が理想化する身体の姿はそれぞれの時代や地域に存在したであろう。実際、絵画や彫刻作品を参照すればある程度の推測も可能である。だが、拒食症や身体醜形障害に象徴されるほど自己身体が付き合いにくい存在になっているのは、二〇世紀後半以降の社会のひとつの特徴にも思える。本章では、身体イメージとはそもそも何であり、どのように構成されるかを検討することで、この「付き合いにくさ」の源泉を探ってみたい。

「身体図式」と「身体イメージ」の区別

前章で見たとおり、メルロ＝ポンティは、各部位から成る全身をひとつに取りまとめ、環境に向かって行為する身体の能力を「身体図式」の概念でとらえた。ただ、メルロ＝ポンティは身体が主体としてその能力を発揮する場面を強調する傾向が強かったため、自己身体が対象として経験される場面をあまり重視することがなく、結果的に「身体イメージ」という概念を提示することもなかった。興味深いことに、一九六二年に出版された『知覚の現象学』の英訳版では、身体図式を意味するフランス語の「schéma corporel」が「body image」と訳されている[9]。メルロ＝ポンティ研究者のあいだではよく知られる誤訳なのだが、そもそも身体図式と身体イメージは、神経学の世界では「脳が保持する身体の表象」として区別せず用いられてきた歴史があったため、英訳が刊行された当時は問題にさえならなかったようである（なお、二〇一二年に改訂された英訳では「body schema」と修正されている）。

だが、身体イメージはひとが心的に抱く自己身体の像であり、ひとつの「対象」として想像されている点に着目するなら、身体図式の概念とは明確に区別すべきである。現象学的にいうと、志向性の向かっていく先に身体があり、ひとつの意識対象として像を結んだものが身体イメージであるのに対して、身体図式は志向性が発する身体的な起源にあるものであり、決して対象にはならない。こうした論を展開した一人が哲学者のS・ギャラガー（一九四八〜　）である。彼によると、「身体図式は、自覚することや知覚的モニタリングを必要とすることなく機能する感覚・運動的な能力のシステムである」のに対して、「身体イメージは、自己自身の身体についての知覚、態度、信念のシステムから成る」[10]。つまり、メルロ＝ポンティが記述したように、身体が主体として行為する際に暗黙にはたらいている感覚—運動的システムが「身体図式」であるのに対して、「身体イメージ」は自己身体を対象化することで成立する。自己身体を知覚する、自己身体に対して「好き」「嫌い」といった一定の情動的態度を取る、自己身体のシルエットやサイズについて一定の概念を形成する、といった対象化の作用である。ギャラガーはこの点をさらに具体的に展開し、身体イメージを三つの側面、すなわち「身体知覚」「身体概念」「身体情緒」に区別する。

第一に、「**身体知覚**（body percept）」は、ひとが自己の身体を知覚することで生成する身体イメージである。例えば、疲労、熱、痛み、快感などの経験において、私たちは体性感覚を通じて自己の身体を知覚する。あるいは、スポーツのフォームや武道の型を学習するといった意識的な運動制御が求められる場面では、運動感覚を通じて自己の身体を知覚する。身体知覚には、内側からの知覚だけでなく、自己の身体を目で見たり、手で触れたりして、外的な対象として知覚することももちろん含まれる。麻痺のある部位を手で触れて確認する、他人と見比べて自己の身体の相対的な大きさや皮膚の色などを認知する、といった経験である。なお、習慣化された動作を行う場合のように、特別な注意を必要とすることなく行為を遂行できる場面では、身体を対象化する明確な意識ははたらかない。こうした経験は身体知覚に影響を与えるものの、身体イメージを構成しているとまでは言えない。

第二に、「**身体概念**（body concept）」は、素朴なものであれ科学的なものであれ、自己身体についてのその人の概念的理解を指す。科学的知識にもとづく理解としては、例えば、解剖学的な知識にもとづいて内臓の位置関係を理解する、医学的な知識にもとづいて身体諸部分の機能や薬剤の作用を理解する、といったことが挙げられる。もっとも、知識の量や理解の正確さは各人で大きく異なるし、そうした「身体一般」についての理解からどの程度の個性を持つものとして自己身体を位置づけるかも各人で異なる。また、こうした科学的な身体観だけでなく、身体概念には、文化的・社会的な身体観も含まれる。身体のどのような状態を病とみなすのか、また不潔や不浄とみなすのか。どのような容姿を美しいまたは醜いとするのか。挨拶や食事や日常会話において、人前でどのような所作をするのが適切で自然なのか。これらの身体観は、その人が帰属する社会、文化、時代に応じて異なり、科学的な身体観とは一致しない場合もある。例えば、東洋医学や武道の伝統において、身体は、不可視の生命エネルギーである「気」が循環する場としてとらえられてきた[11]。

第三に、「**身体情緒**（body affect）」は、自己の身体に向けられたその人の感情的な態度である。自己の身体が好きであるとか嫌いであるといった全般的な感情、他人の身体との比較から生じる劣等感や優越感、写真や映像を通じて自己の身体を直視したときに感じる不安や不満、自己の身体が他人のまなざしにさらされたときの恥ずかしさ、などが身体情緒の代表的な例である。身体情緒は一方で、自己の身体が自分にとってどう見えるかという身体知覚や、どのような容姿を好ましいとするかという文化的な身体概念とも密接に結びついている。例えば、「私は痩せているほうだ」とか「私は実年齢より老けて見える」といったように、自分にとっての自己身体の「見え」が、身体概念との関係において一定の価値判断をともない、好き嫌いや劣等感を生じさせることもしばしばある。先に言及した身体醜形障害では、自己身体をめぐって過度な不安や強迫行為が生じるが、これは、身体知覚および身体概念とも複合的に連動する身体情緒の障害として理解する必要がある。

ところで、意識の志向性の対象になるか否かという区別以外にも、現象学的な観点から見て、身体図式と身体イメージの区別に関連して次の二点に言及しておくことが必要である[12]。

ひとつは、**人称性をめぐる区別**である。身体図式は、習慣化した行為を暗黙に調整している主体であるため、その機能が匿名的で、はっきりした人称性を備えていない。「誰」という人称が成立する以前という意味で「前人称的」な機能である。これに対して、身体イメージは知覚や知識や情動的態度の対象となる自己の身体であり、つねに「私の身体」という明確な一人称性を帯びている。もちろん、身体概念には「身体一般」の情報が多分に含まれるが、身体イメージとして像を結ぶのはそうした「身体一般」との関係において個別化された「私の身体」のイメージに他ならない。

もっとも、ここでいう身体図式の匿名性は、純粋に匿名の「誰か」ということではなく、「暗黙のうちに行為する私」という一人称性であればそれを保持している。つまり、人称性が暗黙のものか明示的なものかという区別だけでなく、一人称の存在である「自己」の異なる側面を両者が担っているという区別にも関係している。哲学者W・ジェームズ（一八四二～一九一〇）は、自己意識を「主体としての自己（主我 I）」と「客体としての自己（客我 Me）」に区別しているが[13]、これに対応させていうなら、身体図式はまさに「主我」の機能を担っているのに対して、身体イメージは「客我」の機能を担っている。いわば「主体としての身体」が身体図式に対応し、「客体としての身体」が身体イメージに対応する。この区別は以下でも繰り返し問題になる。

もうひとつは、**空間性をめぐる区別**である。身体図式は、主我（「I」）に対応していることからもわかるとおり、それを経験する主体にとって外部から対象化できる機能ではない。したがって、空間内に存在する他の物体と並列に処理される水準において決定されるような相対的な位置を持たない。むしろ、行為の空間そのものを構成する原点となる「ここ」という位置性をつねに帯びている。フッサールは身体の持つこのような性質を「方向定位の中心としての身体」として記述している。身体は「究極の中心的なここ」であり、身体の外部には別の「ここ」がありえず、逆にあらゆる事物が身体との関係において「そこ」という位置性を与えられるような「ここ」である[14]。

こうした区別からいうと、身体イメージは、自己の身体をその外部から対象化する視点とともに成立する。鏡に映る自己身体を知覚しているときには実在的な視点を取っているし、心的に自己身体を表象する場合には想像上の視点を取っていることになるが、いずれにせよ、他の物体や対象が並置されうるような空間内に自己の身体も位置づけられている。簡単にいうと、物理的空間であれ心的空間であれ、他の物体や対象が位置している「そこ」に身体イメージも位置しているのである。こうした空間的な性質の違いは脳内での空間情報処理過程にも違いをもたらす。神経科学者のJ・パイアールは、身体図式を「身体中心の空間協調システム」、身体イメージを「世界中心の空間協調システム」として区別している[15]。つまり、自ら身体を動かしているときのように身体中心のパースペクティヴに立脚する座標系で空間情報を処理するか、自分の居場所を他人に伝えるときのように身体から離れた客観的な座標系で空間情報を処理するか、脳内での神経過程に違いが生じるのである。

先述したとおり、メルロ＝ポンティは「身体イメージ」という概念を明示的に提示し、議論を発展させることはなかった。だが、一九五〇年から五一年に行った講義「幼児の対人関係」[16]では、幼児がどのような過程を経て自己自身の鏡像を理解するに至るかを論じており、身体イメージの成立過程を問うていたように見える面もある。以下では、現代の科学的知見に沿って鏡像認知の発達をたどりながら、メルロ＝ポンティが指摘した問題点と絡めて、身体イメージをめぐる考察を深めてみよう。

視点の問題——身体イメージに刻印された他者の眼差し

別の拙著で以前論じたように、身体イメージの成立をめぐって明らかにすべき論点として「視点（パースペクティヴ）」の問題がある[17]。例えば、図5—2と図5—3を見比べて欲しい。

自己の身体を描画するように求められれば、私を含めたいていの人が図5—2のように、すなわち身体の正面から見た全身の姿を描くだろう（上手かどうかという違いはあるだろうが）。これに対して、図5—3は物理学者で哲学者でもあったE・マッハによる自己身体の描画である。この絵を最初に見ると、たいていの人が奇妙な感慨に襲われる。というのも、足を投げ出してソファに座った状態

図5—2：自己身体の描画（ある学生による）

図5—3：自己身体の描画（マッハによる）

で左眼から見えているところの自己の身体がきわめて忠実に描き込まれているからである。眉と鼻と口髭によって視野の周辺が区切られ、左前方に開けた視野に、胸から下の身体が衣服の皺《しわ》までしっかり描かれている。肉眼から見えている身体なのだから、もちろんのことながら、顔や頭部はこの絵にはまったく登場しない。マッハ自身もこのように述べている――「私の身体は他人の身体から次の点で区別される（中略）自分の身体はただ一部分しか見えず、とりわけ頭がみえないことによってである」[18]。

私たちは自己身体を描画する場合、深く考えることもなく、そこに頭、とくに顔を含めて描く。だが、現に肉眼を通じて知覚できる自己の身体は、眼球が頭部に埋め込まれているため、顔を視覚的にとらえることは決してない。つまり、図５―２のような、一見するとありふれた描画に見える像も、「想像上の視点から見た自己の身体」という特殊な性質を備えているのである。では、私たちはどのようにして、肉眼を離れて身体の正面に回り込むような「想像上の視点」を獲得したのだろうか。

ごく一般的に考えるなら、鏡像を見ることによって、と回答したくなるところであろう。鏡の前に立って自己の姿を見れば、顔を含めて頭部が明瞭に映り込んでおり、図５―２に表現されるような自己の姿を心に焼き付けることができる。写真や動画に記録された自己の姿を見ることによっても、同様に顔を含む全身像を学習することは可能である。本章の冒頭で述べたとおり、鏡や写真が視覚的なフィードバックとなって、私たちの心の中にある身体イメージは現実の身体の姿に近いものへと更新される。ただし問題は、このような学習は鏡像が自己像を意味すると認識された後の段階で可能になるものであって、**生まれつき可能なわけではない**ことにある。

鏡像を自己として認知できるようになるには、生後一年半～二年程度の時間がかかるといわれている。B・アムスターダムの古典的研究によると、生後一年ごろまでの乳児は、鏡に映った身体を他者として知覚している。鏡に向かって手を伸ばし、微笑みかけ、頬ずりをするなど、鏡像を遊び相手として扱うような振る舞いを見せるのである。ところが、一四ヵ月ごろから振る舞い方に変化が起こり始め、鏡像を見て感嘆したり困惑したりという揺らぎのある反応を見せつつ、全般的に鏡像を避ける行動が増え、二〇ヵ月ごろまでこの傾向が続く。この時期を過ぎると、二四ヵ月に向かって鏡を見ながら自己の身体を探索する自己指向行動が増えていく[19]。

生後間もない乳児にとって、自己の身体は、空腹や渇きのような内受容感覚、身体を動かすと筋肉や腱で受容される固有感覚によって主に構成されており、視覚的な関心を惹く対象ではない。むしろ乳児が視覚的に惹きつけられるのは、視野に登場する母親や父親の顔である。M・ジョンソンらの研究で知られるようになったとおり、新生児は各種の対象の中でも人間の顔を好んで注視する傾向がある。また、この傾向は実物の顔だけでなく、目・鼻・口などのパーツがあり、それが人の顔のように配列されている絵でも確認することができる[20]。つまり、生後一年ごろまでの乳児にとって、身体に由来する体性感覚的な情報と、外界に由来する視覚的情報とは分断されており、いまだ統合されていないのである。鏡に映る視覚的な全身像を、「ここ」にある体性感覚的な情報と結びつけることができるようになるのに、生後二年近い時間がかかるということである。

両者の統合過程において、何が起きているのだろうか。鏡像認知が成立する途上の移行期に、鏡像を回避する行動が見られるところが興味深い。これは別の研究でも確かめられている。時期がややずれるが、Ｒ・ザゾによると、一七ヵ月ごろから鏡を前にする乳児には忌避反応が見られるという。困ったような表情をしたり、鏡像に対して顔をそむけたり、鏡の前でフリーズしたり、鏡像から遠ざかろうとしたり、といった反応である。すべての乳児になんらかの忌避反応が見られ、平均的に三ヵ月〜五ヵ月程度続くという[21]。

鏡に対する回避的な反応が生じる以前、乳児にとって鏡像は「他者」として経験されている。鏡の中の身体は、視覚的には「そこ」に見えているが、「ここ」で生じている身体由来のさまざまな体性感覚とは結びつかない。これに対して、鏡像認知ができるようになった乳児にとって鏡像は「自己」として現れる。視覚的に「そこ」に見えている像が、「ここ」で生じている身体由来の体性感覚としっかりと結合している。手を上げ下げすれば、「ここ」で豊かな運動感覚が生じると同時に、「そこ」に見えている手も上がったり下がったりする。運動感覚と視覚像は緊密に連合している。鏡の中に自分が見えるとは、このような経験である。

移行期の乳児にとっては、鏡像はどっちつかずの中途半端な存在だろう。鏡を見ると他者のような視覚像が映っているにもかかわらず、それがこちら側の「ここ」で生じている体性感覚と奇妙にも連動しており、どのように受け止めてよいのかいまだ正解が見当たらず、これが落ち着きのない回避行動を引き起こす原因になっているように見える。移行期の落ち着かなさに決着をつけるには、鏡の中に見えている視覚像が自己自身の視覚像であることに気づき、受け入れるしかない。これはどのように可能になるのだろうか。

この点に本質的に関連しているのが、G・ギャラップによるチンパンジーの鏡像認知研究である[22]。チンパンジーは鏡像認知ができる数少ない動物の一つであるが、彼の報告によると、群れから引き離して単頭飼育したチンパンジーは鏡像認知ができるようにならなかった。チンパンジーの鏡像認知を試す際には、額や耳のように鏡を見ないと確認できない身体部位にマークを付け、鏡を見せてそれに気づくかどうかを試す「マークテスト」と呼ばれる手法を用いる。ギャラップが報告するところでは、単独で飼育されたチンパンジーは群れで育ったチンパンジーとは違ってマークに関心を示さず、鏡を見ながらマークに手を伸ばす自己指向行動も見せなかった。

ここから推測できるのは、**鏡像認知が単に「ここ」で生じる体性感覚と「そこ」に見える視覚像との連合だけで成り立ってはいない**ということである。群れで育ったチンパンジーは、「他者の身体」に囲まれて育っている。チンパンジーは成長の過程で、「自己から見た他者の身体」と「他者から見た自己の身体」を互いに交換することで、自己の身体が外的な視点から見るとどのように見えるのかということを学習するのである。群れで育ったチンパンジーは「他者から見た自己の身体」を最初から知っているからこそ、鏡を初めて見たとしても、そこに映っている身体の像が「外的視点から見た自己の身体」であると気づくことができるのである。

鏡像認知は、体性感覚と視覚を結びつける単なる連合の問題には還元できない。単独で飼育されたチンパンジーにとっては、そもそも両者を結びつける動機も必然性もないことに注意しておこう。人間も同様である。他者とともに育つ乳児にとって、他者にケアされるという身体的相互作用は決定的に重要である。自己の視点から他者の身体を見るだけでなく、自己の身体が他者の視点からどのように見えるのかに気づくとき、「ここ」で生じている体性感覚と「そこ」に見えている視覚像とが有機的に連合するのである。この過程はとりわけ、他者の身体にある「顔」が自分の身体にもついていることに気づくうえで決定的に重要である。
メルロ＝ポンティも、発達心理学者H・ワロンの研究に沿って鏡像認知に言及しながら、次のように指摘している。

彼［幼児］にとっての問題は、身体の視覚像と身体の触覚像が空間中の二点に位置しているのに実際には一つに過ぎないと理解することではなく、鏡の中の像が彼の像であり、他人が見ているところの彼の像であり、他の主体に対して彼が提示している外観であると理解することにある。この総合は、知性による総合なのではなく、他者との共存に関する総合なのである。[23]

ここでの文脈に沿って言い直そう。鏡に映る身体の姿を「自己の身体」として認知できるようになるには、たんに体性感覚と視覚を連合するだけでは十分ではない。「ここ」にある自己の身体が、「そこ」にいる他者の眼から見てどう見えるのかに気づくことが必要である。鏡像認知はたんに多感覚統合の課題ではなく、**「見る―見られる」という関係において他者と共存することを学ぶ経験**に他ならないのであり、その意味で**私たちの身体イメージには他者の眼差しが刻印されている**のである。この点が明らかになったことで、自己身体の「付き合いにくさ」の源泉に一歩近づくことができたように思う。節を変えて具体的な事例に分け入りながら、身体イメージにつきまとう困難について考察してみよう。

「呪われたもの」としての身体――フランツ・ファノンの経験

ひとつの極端な事例としてここで検討したいのが、フランツ・ファノン(一九二五〜一九六一)の経験である。ファノンは、一九二五年にフランスの植民地(現在はフランスの海外県)だった西インド諸島のマルティニークで生まれた。黒人奴隷の子孫という出自でありながら、フランス本土に渡ってリヨン大学で精神医学を学び、一九五一年には精神科医の資格を得た。精神科の臨床医として活動を続けながら、メルロ=ポンティやサルトルの現象学からも影響を受けており、白人社会に生きる一人の黒人として被差別経験について現象学的に深い考察を残した。一九五三年にはアルジェリアの精神病院に赴任し、以後、アルジェリア独立をめぐる政治闘争に深く傾倒していくが、白血病を患い三六歳の若さで世を去っている。

ファノンが一九五二年に刊行した『黒い皮膚・白い仮面』は、「生きられた経験」としての人種差別を記述した生々しい記録である[24]。フランスに移り住んだファノンは、故郷で黒人に囲まれているところには意識しなかった「ニグロ」としての自分を否応なく意識させられる。「黒人は単に黒い存在であるのではなく、白人に対して黒い存在である」[25]という存在の事実に気づかされるのである。この経験はもちろん、異他的な存在に出会ったという単なる事実では終わらない。当時のヨーロッパ社会では、白人は黒人に対して強い人種的な優越感を抱いており、黒人に対して「野蛮」「原始的」「奔放」「人喰い」「性悪」「醜い」「文盲」「白痴」といった強烈な偏見を持っていた（「　」内はすべてファノンの著作に登場する言葉である）。単純化して言うと、近代のヨーロッパ人が重視するようになった理性中心の人間観から外れる否定的な特徴がすべて黒人に割り当てられ、白人と黒人の出会いには価値の上下関係が最初から組み込まれているのである。
　この経験はファノンにとって、故郷の生活世界で形成された身体図式の崩壊と再構築として生じる。白人との出会いにおいて劣等かつ否定的な存在として眼差されることで、黒人は自らの身体を素直に生きることができなくなる。白人が黒人を見る眼差しを通じて、自己自身の身体を否定的な対象として見ることを経験するのである。ファノンは「私は自らの現存在から遠くへ、きわめて遠くへと飛び出し、自己を物体とした（中略）全身に流れる黒い血を凝固させる出血」[26]だったと記述している。他者の眼差しを介して自己の身体を劣等なものとして見るとき、否定的な身体イメージが支配的となり、暗黙の行為主体としての自己を支えていた身体図式を再構築せざるを得なくなる。

　その後、白人の眼差しに直面することになった。尋常ではない重苦しさが私たちを押しつぶした。（中略）白人の世界では、有色の人間は自らの身体図式を発展させる上で困難に出会う。身体の認識は喩《たと》えようもなく否定的な作業である——それは三人称での認識なのである。身体のまわり全体を特定の不確実性の雰囲気が支配している。タバコを吸いたければ、右腕を伸ばしてテーブルの向こう側にあるタバコの箱をつかまねばならないことを私は知っている。マッチは左の引き出しに入っており、私は軽く身を退けねばならないだろう。こうした動作を私は習慣によって行うのではなく、暗黙の認識を通して行う。空間的で時間的な世界の中の身体としての、私の自己のゆっくりとした構築。こうしたことが図式だと思われる。図式は私を矯正するものではなく、むしろ自己と世界との決定的な構造化である。[27]
他者の否定的な眼差しによって劣位に置かれ、自らその眼差しを通じて自己身体を否定的に対象化せざるを得なくなった身体は、もはやタバコを吸うというありふれた行為ひとつでさえ滑らかに遂行することができなくなる。否定的な身体イメージが身体図式を乗っ取り、破壊するのである[28]。読者にもきっと、他人の視線を気にして振る舞いがぎこちなくなった経験があるだろう。ファノンの身体に生じているのは、存在を否定するような圧倒的な価値づけの眼差しのもとで、全身に流れる血液まで凝固してしまうような経験である。
通常、身体がさまざまな行為をスムーズに遂行することができるのは、身体図式の機能を通じて身体が暗黙化または背景化するからである（第4章を参照）。だが、他者の否定的な眼差しによって釘付けにされた身体は、自己の視点の置き所をどうしようもなく三人称化する。他者がよそよそしく見るような眼差しで自己の身体を眼差し、その視線を外側から投げかけつつ、一方では引き続き主体として行為せねばならない。差別を受けたことのない健全な身体イメージは、「自己の身体」のイメージとして通常の一人称性を保持している。だが、差別的経験にさらされた身体イメージは、優越的な他者の視点から自己の身体を見ることを強要されるかのように学び、他人が否定的なラベルをそこに貼り付けるのと同様の否定性をもって三人称的な視点を内在化させるのである。

このような経験は、身体図式と自己の再構築を引き裂かれた過程に変えてしまう。ファノンは一方で、白人的な価値観を内在化させ、黒人としての出自に恥や罪の意識を抱き、自己の内部にある「ニグロ的なもの」を意識のうえから消去して生きようとする。「黒いもの、暗いもの、ニグロ的なものは意識から消え去らねばならない」[29]。こうして白人に対して従順に振る舞うようになるのと同時に、同胞の黒人に対して奇妙な差別意識を持つようになる。だが他方で、消し去ることのできない自己自身の黒人としての出自に誇りを持ちたいとも思っている。白人を支配する理性的な世界観に対置される、黒人文化に特有のアニミズム、情動的感受性、魔術的世界観の素晴らしさを再発見し、ここに自らのあるべき姿と本来性を見出そうとする。「ここにこそ復興したニグロが存在するのだ」[30]。

だが、どちらの生き方も思うようにはならない。白人に同一化したところで黒人としての容貌と出自を変えることができるわけではないし、黒人文化の価値を再発見したところで現実に存在する白人と黒人の非対称的な権力関係が解消されるわけではないからだ。思うままにならない自らの実存を嘆くファノンの筆致は悲痛である。

正直に、正直に言おう。私の肩は世界の構造からすべり落ち、私の足は大地の愛撫をもはや感じなくなってしまった。黒人としての過去も黒人としての未来もなく、自らの黒人性を実存することは私には不可能になった。いまだ白人でもなく、もはや黒人でもなく、私は一人の呪われたもの(un damné)だった。[31]

自己を劣等な存在、邪悪な存在、価値のない存在とみなす差別的な他者の眼差しは、自己から「生きられた身体」を奪い、身体を否定的に表象し、否定的な身体イメージを自己に植え付ける。差別的な他者の前で、自己は分裂する。一方で他者に由来する否定性を内在化させ、他者に従属して自己自身の出自を消去しようとするとともに、他方で他者にはない自己に特有の出自を誇りに思い、自己を否定した他者を打ち消そうと努力する。だが、どちらの実存を選んだとしても、もともと自己を支えていたかつての身体図式を取り戻すことはできない。以前そうしていたように大地に立脚して普通に歩くこともできず、世界の中で腕を伸ばして自然に振る舞うこともできなくなる。こうして、自己は一人の「呪われたもの」に変えられてしまうのである。

読者はここで、ファノンの経験を自らの生と無関係なものと考えるべきではない。なるほど、二〇世紀終盤から脱植民地化が世界的に進み、ファノンの生きた時代のようにあからさまな人種差別が残る時代に私たちは生きてはいない。しかし、他者の身体を「より劣ったもの」「価値のより少ないもの」「より悪しきもの」「より醜いもの」と価値づけて貶《おとし》める眼差しには、日常生活の細々とした場面で出会っている。他者を抑圧するこの種の眼差しは、人種間においても完全に解消されたわけではないし、セクシュアリティ、社会階級、障害の有無などをめぐって、社会のさまざまな場面にいまだに潜伏している。ファノンの生きた二〇世紀なかばと比べて明白な差別が社会の表面に現れなくなった分だけ、現代の差別的な眼差しはより複雑で入り組み、隠微なものになっている。

他者の身体を抑圧する差別的な眼差しは、ファノンの言葉を借りれば「呪い」である。「いまだ白人でもなく、もはや黒人でもなく、私は一人の呪われたものだった」というファノンの言葉に注目しよう。他者による差別的な価値づけは、自己の内部に否定的な眼差しとして浸透し、現在の自己のあり方を変える強制力としてはたらく。この眼差しに捕まった者は、それまでに住み慣れた世界、身体図式を通じて適応したなじみの世界から引き離され、自己否定の感情にとらえられる（「もはや黒人ではない」）。だが、眼差しによって植え付けられた新しい身体イメージに同調して自己身体を書き換えられるかというとそれは不可能である（「いまだ白人ではない」）。こうして、かつて生きていた自己の身体に戻れるわけではなく、かといって新たな身体に生まれ変われるわけでもなく、他者の眼差しによって圧殺された「呪われたもの」としての身体を生きるしかなくなるのである。政治の世界で脱植民地化が大きく進んだにもかかわらず、私たちの多くは、自らのエスニシティ、セクシュアリティ、階級、障害など、多くの点で依然として他者の眼差しに抑圧された身体を生きている。

自己身体を宙吊りにする他者の眼差し

価値づけをともなう差別的な眼差しでなくても、そもそも他者の眼差しが自己の身体を緊張の中に宙吊りにする力を持つことに気づいていた哲学者がいる。第3章でも取り上げたサルトルである。フアノンによる生きられた経験の記述は、身体図式の概念を積極的に用いている点でメルロ＝ポンティの身体論から影響を受けていることを思わせるが、他者の眼差しが持つ暴力性についてはサルトルの考察からも多くの示唆を得ているように思われる。

サルトルによると、身体は三つの存在論的次元に区別することができる[32]。ひとつは、私が「私の身体を存在する」ような次元である。知覚や行為の主体として暗黙のうちに私がそれを生きているところの身体と言い換えればいいだろう。素朴な意味での「生きられた身体」が第一の次元である。第二の次元は、他者にとって存在するかぎりにおいて問題になるような私の身体である。これは一種の客体としての身体ともいえるが、私自身の経験が問題にならず、他者にとって客体として経験されることだけが問題なので、ここでの議論の射程から外れる。問題にしたいのは、彼が「第三の存在論的次元」と呼ぶものである。これは、他者によって認識される自己の身体を中心として私自身の経験が構成されるような次元にある身体を指す。他者によって認識される客体的身体として自己が存在する次元、と言い換えてもよい。

身体イメージが「他者に見られる経験」を起源として構成されていたことからもわかるとおり、自己は通常、他者が自らとは異なる主観性をもってそこに存在することを知っている。しかしそうであるからこそ、他者が他者として何かを知覚しており、その知覚が自己による知覚とは異なっており、場合によっては自分にわからないものとして現れうることも知っている。サルトルは、自己と他者のこのような非対称性が、「他者に見られる客体」としての自己身体につきまとうことを「身体の第三の存在論的次元」という概念で強調しているのである。他者の眼差しの出現について、サルトルは次のように記述する。

他者の眼差しが現れるとともに、私の対象―存在、すなわち、超越されたものとしての私の超越があらわになる。対象としての自己（moi-objet）は、知り得ない存在として、他者への逃亡として、しかも私にその全責任があるような逃亡として、あらわになる。[33]

他者の眼差しにさらされることで、自己は自己の身体を他者に見られるものとして経験する。他者に眼差される出会いの最初の場面では、自己と他者のあいだにはいまだ具体的なコミュニケーションが与えられておらず、明確な社会的文脈を欠いている。他者が自己を肯定的に見ているのか否定的に見ているのか、明白な人種差別が存在する場合はともかくとして、通常は眼差しそのものから読み取れることも多くない。他者が自己をどのように知覚し、評価しているのかは、他者からの明示的なフィードバックがないかぎり明らかにならない。さらに、サルトルが「超越」という言い方で強調しているように、**他者が見ているそのとおりに私が自己の身体を見ることは不可能である。**自己の身体であるにもかかわらず、他者の眼に映った自己の身体は、自己自身にとって知り得ない何かとして逃亡してしまうのである。

サルトルは、他者によって知覚される自己の姿は本質的に不可知であると考えている。筆者はこれほど極端な立場には立たない。自己の身体と他者の身体には一方で、メルロ＝ポンティが強調した「間身体性（intercorporéité/intercorporeality）」が潜在しており、他者の身体に生じていることが自己の身体で共鳴的に再現されうる（例えば他者の笑顔に自分の頬が思わず緩んだり、転倒する他者を見て自己の全身に緊張が走ったりする場合のように）[34]。その点で、言語を介さずとも知覚の水準で互いに共有される身体的情報は多々存在する。ただし、他者との出会いの最初の場面において、「他者が知覚する対象としての自己」と「自己にまつわる評価」が、自己にとって「わからないもの」や「知り得ないもの」として現れてくることはサルトルが記述しているとおりである。

他者が他者のパースペクティヴのもとで経験していることの「わからなさ」は、出会いの最初の場面ではとくに際立つ。サルトルは「恥」の経験を例に挙げている。例えば私が何の気なしに下品な振る舞いをしたとする。そして頭をもたげると誰かがそこにいて私を見ていたことに気づく。この瞬間、私はたちまち恥の感情に襲われる。自分の振る舞いが他者に対して持つ意味について咄嗟《とっさ》に判断するからである――「私は、私が他者に対して現れているところの私について恥じる。他者が出現することそれ自体によって、私は、ある対象について判断するのと同様に、自己自身について判断することができるようになる」[35]。確かにこのような場合、他者の眼差しに媒介されることで、自己自身の下品な振る舞いに気づき、私は恥じ入る。

ただ、恥の経験においては、他者の眼差しの「わからなさ」は純粋なしかたで現れていないように思う。この例において私が恥ずかしく感じるのは、「下品」という価値を共有している存在として他者が現れるからであって、その点で自己と他者は「上品―下品」という社会規範を共有する地平において出会っている。共有される前提がないままに、それでもコミュニケーションを成立させるべき相手として現れてくる他者の前では、他者の眼差しの「わからなさ」はさらに際立ったものになる。私見では、このような場合、恥よりも「不安（社交不安）」の経験のほうがより強く顕在化すると思われる。というのも、「恥」は、他者による否定的な評価に対する反応をすでに含んでいるが、ここで問題にしている他者の眼差しの「わからなさ」は、いまだ否定とも肯定ともつかない他者の反応の両義性に由来するからである。このような場面では、他者によって否定的な価値判断がなされることを織り込んだうえで「恥ずかしい」と感じるよりも、他者によってどう評価されるかわからないことへの予期的反応として不安のほうが先に来るだろう。

第3章でも言及したとおり、心理学者のR・メイは、過去の諸説を検討しつつ、恐怖と区別して不安を説明している[36]。例えばヘビを怖がったり高い場所を恐れたりするように、恐怖が特定の危険をともなう対象や状況への反応であるのに対して、不安は非特定的で漠然としており、対象もはっきりしない。不安を最も強く特徴づけるのは、なんらかの危険を前にしたときの「不確かさ（uncertainty)」である。私にはこれから何か良くないことが起こるかもしれないし、起こらないかもしれない。そうした不確かさの中にあって、さらに良くないことも起こりそうだという予期がはたらくとき、ひとは不安に襲われる。これは社会的な出会いの場面でも同様である。他者の眼差しは、自己を肯定的に評価するかもしれないし、否定的に評価するかもしれない。肯定的に評価されるだろうとの予期だけがはたらいているなら、出会いの場面で不安を感じることはない。しかし、他者が私を眼差すそのとおりに私自身を見ることは、私には不可能である。それは肯定的な評価のみでなく否定的な評価にもなりうる可能性を含んでいる。この点で、他者による自己への眼差しには払拭しきれない不確かさ、すなわち「わからなさ」がつねに残る。他者と初めて出会う場面では、眼差しの不確かさがつきまとい、不安の経験がついて回るのである。

このような不安が亢進して経験される精神病理が社交不安障害である[37]。社交不安障害（social anxiety disorder）は、他者に見られる可能性のある対人状況に関連して引き起こされる強烈な不安を特徴とする病理である。他の人と話したり食事をしたりする場面で緊張が過度に高まり、その緊張のせいで実際にうまく話せなくなったり、顔が赤くなったり、心臓が高鳴ったり、手が震えたりといった自律神経症状が身体を通じて表出する。また、そうした身体症状が表出しそうになると、それが他者に見つかって笑われるのではないか、馬鹿にされるのではないかと否定的に評価されることを恐れる。さらに、実際にそのように感じる場面を経験すると、見知らぬ他者に出会う対人場面を先回りして回避するようになったり、あらゆる人間関係を避けて引きこもったりすることもある。

ファノンの経験とは違って、社交不安障害に苦しむ当事者の世界には、否定的な眼差しで彼や彼女を圧殺するような他者は登場しない。だが、当事者を苦しめる他者の眼差しは、当事者を否定するかもしれないという可能性とともに、ただ不確かなものとして経験されるのである。ここではサルトルの描く恥の経験よりももっと純化されたしかたで他者の眼差しが経験されている。それは自己を否定的に評価するとも肯定的に評価するともいまだ判断のつかないしかたで自己を眺める「わからない」眼差しとして現れる。そしてこの不確かさが、当事者の身体を不安の中に宙吊りにするのである。

現代的な身体の「付き合いにくさ」

ここまでの議論で、自己身体の付き合いにくさの諸相がおおよそ明らかになったのではないだろうか。問題の始まりは、身体が「自己の身体」であるにもかかわらず、「自己のもの」として閉じていないことにある。図を用いて説明しよう。

繰り返し見てきたとおり、メルロ゠ポンティは、習慣として堆積した行為をもとに環境に向かって暗黙に行為する身体の能力を「身体図式」の概念でとらえた。だが、身体図式の概念は身体が主体として作動する場面を強調する傾向が強く（図５—４左側の「主体としての身体」）、自己身体が対象化・客体化される場面を重視することがなかったため、「身体イメージ」という概念を提示することもなかった（図５—４中央の「客体としての身体」）。

メルロ゠ポンティが「主体としての身体」と「客体としての身体」の関係を強調したのは、いわゆ

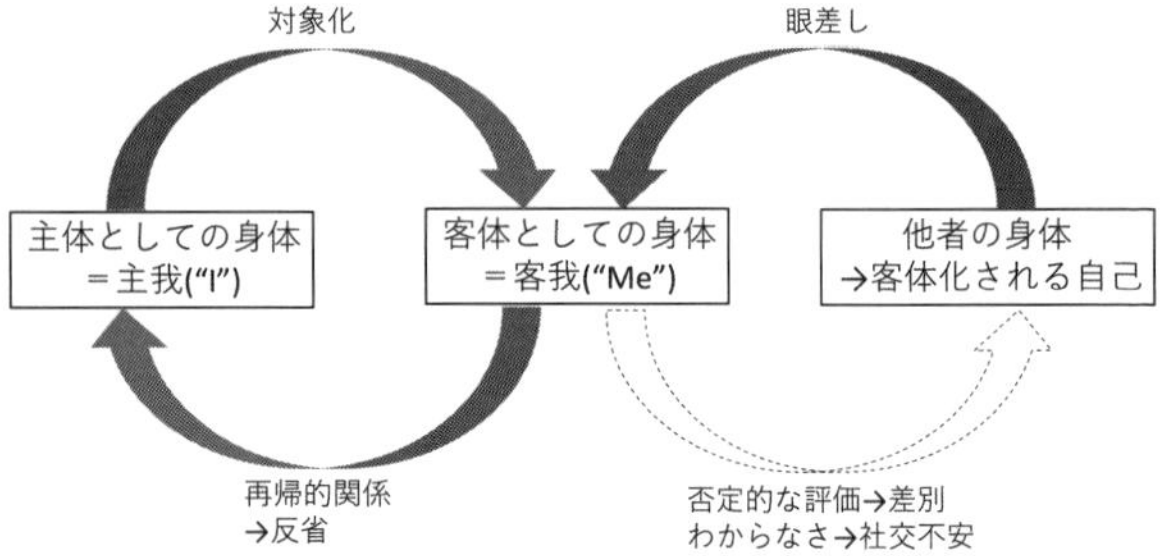

図5―4：自己―身体―他者

る「二重感覚」をめぐる考察である。自己の身体の一部分に触れると、触れる手が触れられる側によって触れ返される再帰的経験が生じる。例えば、手で頬に触れると表面のさらさらとした感じが伝わってくるが、やがて頬の側が手を触れ返し、指先のじんわりと暖かい感じに焦点が切り替わる。メルロ＝ポンティは、触れる主体としての身体が、触れられる客体としての身体によって不意に触れ返される経験の中に、何かを考えている過程の最中に不意に反省が始まるという「自己意識」の経験の身体的な原型を見た。「考える私を考える」という反省的意識作用の原型は、「触れる私に触れる」という二重感覚によって身体レベルで先取りして与えられているというのである。

　本章で問題にしてきたのは、対象化・客体化される自己の身体が身体イメージであるとの定義上の問題を超えて、「**客体としての身体**」**が自己自身にとって客体であるだけでなく、他者にとっても客体である**という事実だった。とくに身体イメージの発達的起源においては、自己の身体と他者の身体のあいだで「見る—見られる」という視覚の相互作用が存在することが不可欠である。ひとは、「自己から見た他者の身体」と「他者から見た自己の身体」を互いに交換することで、自己の身体が外的な視点から見るとどのように見えるのかということを学習する。メルロ＝ポンティは「身体イメージ」という概念こそ提示しなかったものの、鏡像認知を取り上げつつ、それが単なる多感覚統合の問題ではなく他者との共存の問題であることを先駆的に指摘していた。

その意味で、端的にいって**身体の付き合いにくさは他者との共存の難しさに由来する**のである。私たちはその極端な例としてファノンの経験を取り上げた。人種差別のように、身体イメージの構成に参与する他者の眼差しがきわめて暴力的なものである場合、「主体としての身体」と「客体としての身体」の関係は安定したループを形成することができず分裂する（図5―4左側の円環）。「客体としての身体」は、他者によって「より劣ったもの」「より価値のないもの」というラベルを貼られ（図5―4右側の円環）、それを受けて自己の側でも否定すべきものとして経験されるようになる。

この経験は次のような分裂を生み出す。一方で、「自己から見た他者の身体」が理想化され、「客体としての身体」は他者の身体に置き換えられるべきだという欲望を生み出す。ファノンの場合、白人の身体を理想化し、それに同一化しようとする欲望としてこれは経験されていた。他方で、他者身体の理想化は翻って自己の側で強い反動を生む。自己にもともと備わっていた「客体としての身体」は決して否定すべきものではなく、むしろ肯定すべきもの、誇るべきもの、自己を否定した他者を逆に従属させるべき価値あるものとしてとらえ直そうとする欲望を生じさせる。ファノンの場合、黒人としての身体は、白人には真似のできない黒人としての本来性を表現する称揚すべきものとしてとらえ直された。

だが、このような分裂は結局のところ、「主体としての身体」と「客体としての身体」の安定した再帰的関係そのものを破壊する。自己の身体をありのままに知覚して一定の身体イメージとして受容することを不可能にし、「否定すべきもの」という情動的態度、さらには「逆に誇るべきもの」という矛盾した情動的態度を醸成する。自己の身体はこうして、解決不可能な葛藤の源泉としてつねに経験されるようになる。ファノンもこのような葛藤の中で、白人でも黒人でもない、一人の「呪われたもの」に変えられてしまったのだった。

現代人の抱える身体の付き合いにくさは、ファノンの時代ほど明確な分裂をともなうものではないだろう。課題はもっと漠然としており、むしろ人々が暗に共有している理想の身体イメージ、例えば「痩せていてすらっとしたシルエット」「筋骨たくましく鍛え上げられた肉体」「上品で洗練されたしぐさ」「障害のない五体満足なからだ」「くっきりとした目鼻立ち」「色白で透明感のある肌」といった身体イメージが、メディアを通じて支配的なものとして流通しているところにあるだろう（こうした傾向は「ルッキズム」として近年しばしば批判の的になっている）。暗黙に共有される理想化された身体イメージは、いわば標準化された「客体としての身体」として流通し、各自に生まれつき与えられた多様な身体を、劣っていて置き換えられるべきものとして印象づける。ファノンは実在する白人たちの眼差しによって黒人としての身体を否定される経験をしていた。現代ではそれほど明確に否定的な眼差しを経験することは多くはない。むしろ、所在も由来もはっきりしないものの、身体の奥深くに浸透した否定的な眼差しとの関係で、現代人は身体の付き合いにくさを経験しているように見える。具体的な他者の否定的な眼差しは、むしろ身体の否定性を顕在化させる引き金にすぎない。

この点は、本章冒頭で取り上げた身体醜形障害とも、前節で見た社交不安障害とも深く関係しているように思われる。どちらの病理も、実在する具体的な他者の眼差しによって症状が引き起こされるわけではないからだ。社交不安障害の当事者は、特定の誰かの前で緊張するわけではない。誰の前であったとしても、他者に見られているかもしれないという状況そのものが本人の身体に過度の緊張を引き起こし、普通に話したり食事をしたりといった行動ができなくなってしまう。また、他者に実際に否定されたわけではなくても、自分が他者に笑われているのではないか、馬鹿にされているのではないかと恐れているのである。身体醜形障害ではこの点はさらに顕著である。当事者は自己の容姿に何らかの欠点があると信じ込んでいるが、この確信は具体的な根拠を欠いている。本人が気にする欠点は他人の目につくようなものではなく、他人に仮に認識できたとしても些細なものにしか見えない。実在する具体的な他者の眼差しが問題なのではなく、本人の身体に内在化した否定的な「他者の眼差し」が問題なのである。

繰り返しになるが、身体の付き合いにくさは、他者との共存の難しさである。現代人にとってこの難しさは、ファノンが生きた時代のように具体的に実在する他者を相手にするものから、抽象的でその実在さえ確かめにくい他者を相手にするものに変貌している。これはいうまでもなく、現代では全般的に都市化が進み、具体的な他者との人間関係が前提とされる共同体が解体され、マスメディアやソーシャルメディアを介した人間関係に共同性が置き換えられてきた歴史的経緯を反映している。比喩的にいうと、ソーシャルメディアを通じて発信した自己の情報に対して、つながりのある人々から与えられる「いいね」のフィードバックだけが、肯定的な身体イメージを維持する「他者の眼差し」になるような時代に私たちは生きている。

だが、人々の共同性がどれほど希薄化したとしても、発達の過程で具体的な他者の身体に囲まれていなければ、そもそも身体イメージが成立することもありえない。身体イメージの誕生に寄与した「他者の眼差し」は主として母親や父親のような養育者の眼差しであり、それはきっと温かく愛に満ちたものであっただろう。ひとが自己の身体と安定した関係を築くうえで、このような温かい眼差しが起源において与えられていなければ、身体は最初から「呪われたもの」になっていたに違いない。ファノンが経験したような苛烈な人種差別を始めとして、さまざまな身体的差別を乗り越える方向で人類が社会を少しずつ変革してきたのは、そうした差別が根源的に「悪」であるということを私たちが知っているからである。そして、身体的差別が悪であることを理解できるのは、私たちがもともと、生まれたままの姿で養育者の温かく愛に満ちた眼差しに包まれ、「祝福されたもの」としての身体の記憶を持ち合わせているからに他ならない。「呪われたもの」ではなく「祝福されたもの」としての身体の記憶こそ、身体を「大きな理性」としている歴史的起源なのである。

第6章

脱身体から拡張身体へ

——脳科学から見る身体の近未来

脳があれば身体は不要か？

一九九〇年代から現在まで、脳神経科学の研究は急速な進歩を続けている。読者の多くも「fMRI」「NIRS」「PET」といった機器の名称を聞いたことがあるだろう。これらはすべて脳計測に利用される機器で、それぞれ「機能的磁気共鳴画像法」「近赤外線分光法」「ポジトロン断層撮影法」という正式な名称を持っている。いずれも、一九九〇年代に脳研究の現場に急速に普及したもので、非侵襲的に（外部から生体を傷つけずに）脳機能を調べることができ、その結果を脳機能イメージング（脳内各部の状態を画像にしたもの）によって示すことができる点に特徴がある。

九〇年代以前にも、非侵襲的な脳計測の方法としてはすでに脳波計を用いた研究が実用化されていたが、局所的な脳活動を詳細に示すことが難しいという欠点があった。また、侵襲的な方法としては、第1章でも紹介したペンフィールドが試みたような、脳の表面を電極で刺激する方法もあったが、これはてんかんのような病気治療の開頭手術にともなって実施される例外的なものにすぎなかった。

非侵襲的な方法によって、しかも脳内の局所的な活動に迫る脳機能イメージングの手法であれば、研究の射程は大きく広がる。もともと脳神経科学にとっての重要な研究テーマは、アルツハイマー病、パーキンソン病、脊髄小脳変性症などの神経疾患、あるいは統合失調症やうつ病などの精神疾患の病態解明が占めていた。こうした医学的研究に加えて、心理学的研究、とくに知覚・思考・記憶・情動・注意・言語などのいわゆる高次認知機能に対応する脳活動が広く研究対象とされるようになった。脳科学は急速に、自然科学と人文社会科学にまたがる複合研究領域へと変貌したのである。

このような研究は一方で、思考や記憶など個別の心の機能が、脳の局所的な活動とそのネットワークによって支えられているとの見方に詳細な裏づけを与えるようになった。それと同時に、心のはたらきそれ自体も、究極的には脳活動に還元できるのではないかという予測的な見通しを強化するようになった。現在では、「心は脳の活動を原因として生じる」とか「心と脳は実質的に同じものである」といった心脳同一説的な信念が広く人々のあいだに浸透しているように見受けられる。

本書の立場からするとこの見方にも重大な問題が潜んでいるが、この点についての議論は別稿に譲る[1]。ここで取り上げたいのは、脳神経科学の発展とともに「身体」の見方がどのように変化しつつあるのか、という論点である。よく知られるとおり、脳と身体の関係は生理学的に見ると中枢と末梢の関係として理解される（図6—1）。身体は末梢としてさまざまな感覚器官を備えており、環境に由来する刺激を受容し、感覚神経を通じてそれを脳という中枢に伝達する。他方、脳は中枢の司令塔としてさまざまな運動指令を生成し、運動神経を介してそれを末梢の身体へと伝達する。こうして、脳と身体は全体としてひとつの生体ユニットを保ち、外界を知覚するとともにそこで必要な行為を行い、与えられた環境に適応している（感覚神経・運動神経とは別に自律神経も重要な役割を果たしているが、主に体内の

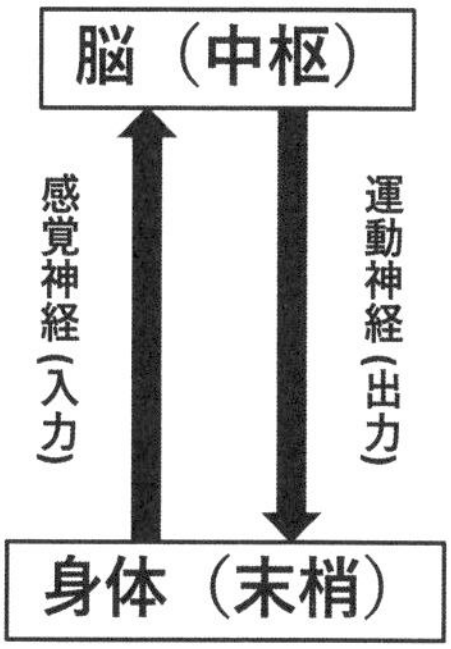

図6—1：脳と身体

プロセスを調節するもののため以下の考察では除外し、章末で再度取り上げる）。ただし、身体が果たしているのが脳と環境を媒介する役割だけだとすると、刺激を受容する入力過程と運動指令を伝達する出力過程を情報機器で置き換えることができれば、身体は実質的に不要であることになる。とくに、デカルトのように極端な心身二元論の立場から心と身体を切り離し、かつ、切り離された心を脳と結びつけて心脳同一説の見方を取るなら、脳の状態だけが健全に保たれていれば、身体が存在しなくても健全な心の状態は保たれることになる。あるいは、デカルトが「われ思う」と表現した自己の存在は、身体がなくても健全な脳とともに保存されることになる（「桶の中の脳」として知られる思考実験もこのような前提で成り立っている）。

身体が実質的に不要になるかもしれないとの身体観を表現しているのが、いわゆる「サイボーグ技術」である。これは学術的な名称というよりは一般向けの名称として用いられるものだが、運動を代替する人工腕や、知覚を代替する人工内耳・人工眼などが実際に開発されている。開発の歴史が最も長いのは人工内耳である。一九七〇年代にはすでに米国中心に開発競争が展開され、八〇年代には先天性難聴の児童に装着する手術が世界的に広がるようになり、二〇二〇年代には日本国内のろう学校の生徒の約半数が人工内耳の装着者になるともいわれている（さらに諸外国では日本より普及度が高い）[2]。人工内耳は、耳にかけて使用する小型マイクで音声を拾い、電気信号に変換された音声が内耳に設置された電極に送られ、電極が聴覚神経を刺激するという仕組みで作動するようにできている。言語習得が本格的に始まる前の二歳未満の段階で設置手術を受けると、その後の成長過程で聴者に近いレベルで人の声を判別する能力を獲得できる可能性があるともいわれている[3]。

先天的または後天的な病によって失われた身体機能を回復できるのだとすれば、サイボーグ技術に高い期待が寄せられて当然である。ただ、ここで考えたいのは技術の未来ではなく、サイボーグ技術の進歩が続くことによって身体の機能がすべて置き換えられるようになるのか、さらにいえば、**脳が十全に保持されていれば身体は不要になるのか**、という点にある。身体が失われても脳が健全な状態に保たれていれば心と自己は保存されるとの見方を、ここでは「脱身体の思想」と呼んでおく。脳神経科学の発展とともに、運動系についても感覚系についても脱身体の発想を背後に読み取れる研究が増えているが、その種の研究を批判的に検討しつつ、私たちの身体の未来を考えることが本章の課題である。

先回りして述べておくと、私たちは「脱身体」ではなく「**拡張身体**」を目指す方向で神経系の科学と技術を取り入れる近未来に向かいつつある。「拡張身体（extended body）」とは、身体化された心の別名である。第4章で見たとおり、現代の認知科学は「身体と環境のあいだに拡がる心」という見方を示しつつある。この観点を脳と身体の関係において考え直すと、「身体なき脳」ではなく、柔軟に拡張する「身体化された脳」を構想すべきであることがわかるだろう。

脳と機械を媒介するインタフェース

通常、ひとが使う道具は手や足で操作し、なんらかの様式で身体の末梢における運動機能や知覚機能を拡張する（例えばナイフや顕微鏡のように）。ところが、神経科学の発展とその工学的応用は、脳という中枢と外部の機械を直接的に接続することを可能にした。「ブレイン・マシン・インタフェース（ＢＭＩ）」は、脳と機械を接続する境界面（インタフェース）を構成する技術の総称である。近年では、実業家のイーロン・マスクが設立したニューラリンク社の例が知られているだろう。ニューラリンクは脳内埋め込み型のＢＭＩによってまずは脳疾患を治療する機器の開発を行い、最終的には人間の能力を拡張するエンハンスメントを目指しているという。二〇二三年三月には臨床試験参加者の募集を始めたのではないかとのニュースも流れた[4]。

ＢＭＩが果たしている役割を理論的にはっきりさせるため、歴史を遡って、最初に医療技術として開発されたＢＭＩである「ブレインゲート」について紹介しておこう。ブレインゲートは、脊髄損傷やＡＬＳ（筋萎縮性側索《そくさく》硬化症）のため四肢を動かせない患者の生活をサポートする技術である。最初の臨床例だったＭ・ネーゲル氏は、二〇〇一年に頸部を刺されて重体となり、以後、脊髄損傷による四肢麻痺に陥った。随意的に動かせるのは頭部だけで、首から下は意図してもまったく動かせない状態である。二〇〇四年、ブレインゲートの臨床試験をみずから希望し、大脳の運動野に一〇〇本の電極から成るチップを埋め込む手術を受けた[5]。動物ではなく人間の脳にＢＭＩが設置されたのは彼の例が初めてだった。

ネーゲル氏の場合、脳と身体を結ぶ運動神経が頸部で寸断されているため、身体は通常のようには動かせない。しかし、身体に向かって運動指令を発する脳の活動は保たれている。実際、頭部の動きは保たれているので、顔の向きを変える、声を出す、眼球を動かす、咀嚼《そしゃく》するといった運動は可能である。そこで、本来であれば運動野から四肢に向かって流れるはずのシグナルをＢＭＩ経由で読み取り、外部の機器（この場合はコンピュータ）に接続すれば、理論上は、四肢を動かすのと同じようにそれらを本人の意志によってコントロールすることができるはずである。これがブレインゲートの設計思想である。図6―2は、開発者のＪ・ドナヒューらによる論文に掲載されているもので、ＢＭＩの外観、電極、脳表面の設置部位を示している[6]。

電極を設置して最初に行ったのは、手の動きに対応する運動野のニューロンの活動パターンを記録し解読することだった。つまり、本人が手を動かそうとしているとき、それに対応する脳の神経過程を特定し、次にそれを解読して、外部のコンピュータをコントロールするデジタル信号に変換する。これが完了したところでＢＭＩを介して脳とコンピュータを接続すると、本人が手を動かそうと意図すれば、それに反応してモニタ上のカーソルが動くようになるとの設定である。ネーゲル氏はブレインゲートを設置した状態で訓練を続けた結果、カーソルを動かして簡単な図形を描いたり、文字盤をクリック

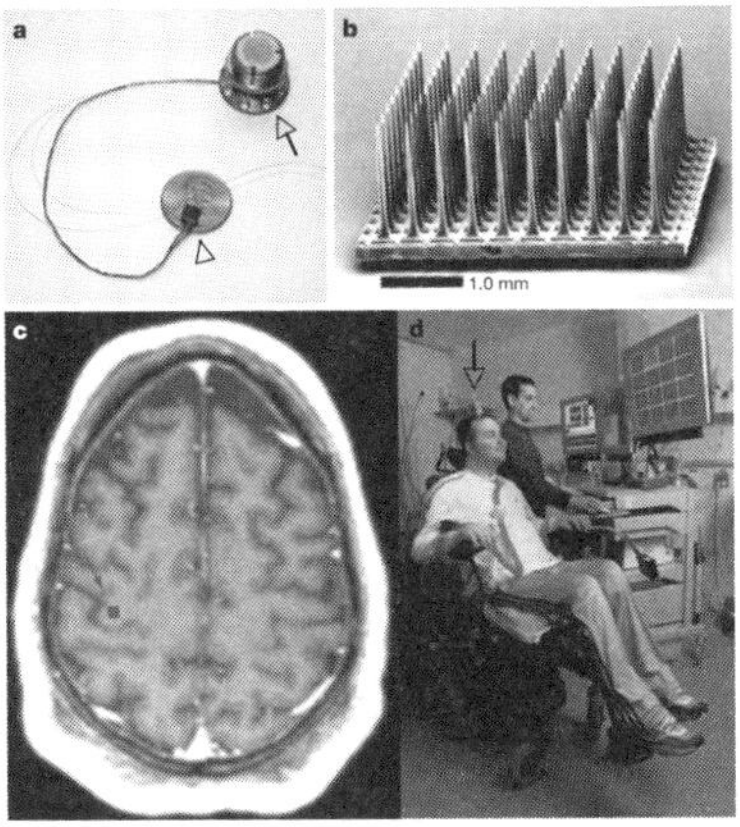

図6―2：ブレインゲート（Hochberg et al., 2006）

して文章やメールを書いたり、画面上のスティックを動かしてビデオゲームを遊んだりすることができるようになった。実際の様子を伝える動画も公開されているので参照するといい[7]。

ここで確認しておきたいのは、ＢＭＩの設計に含まれる発想と前提である。ＢＭＩは、身体運動の指令に対応する脳活動を記録かつ解読し、外部に接続された機器と連動させるという考え方にもとづいて技術が開発されている。そして、一次運動野のように具体的な運動指令に対応する特定部位のニューロンの活動を精緻に読み取ることができれば、本人が意図したことをそのまま外部機器で実現できる可能性が高まると考えられている。いわば、脳に接続されたデバイスが、四肢を動かすのと同様に思いどおりに動くような状態が究極的には目指されているのである。

この点について、神経科学者の川人光男は「すでに「超能力」が実現しつつある」と刺激的な言い方で表現している[8]。つまり、神経科学の成果を工学的に応用したＢＭＩによって、心の中で念じただけで機械が動くような状態、一種のサイコキネシスが可能になりつつあると言っているわけである。だが、心で念じることで機械を制御するような技術としてＢＭＩをとらえているとするなら、もともと脳と身体の関係をこれと同様に理解していることを示唆する。すなわち、心で念じて身体運動を制御するような関係として理解しているのである。というのも、ＢＭＩは基本的に脳（中枢）と身体（末梢）の関係を、脳と機械の関係に置き換える装置として開発されているからである。だが、このような「超能力」のような見方で、脳と身体の関係や、身体を動かす経験をとらえていいのだろうか。この点にはさらに考察すべき理論的課題が潜んでいる。以下で検討しよう。

〈脳―身体―環境〉という系の柔軟さ

もともと、ＢＭＩを可能にした直接の研究は「ニューラル・オペラント条件づけ」と呼ばれる動物実験にある。報酬や罰を与えることで何らかの自発的行動を動物に学習させることを心理学では「オペラント条件づけ」と呼ぶ。古典的な例では心理学者のＢ・スキナーが実験用に作った箱（スキナー・ボックス）がよく知られている。箱の中に空腹な状態で入れられたネズミは給餌器《きゅうじき》の中にエサがあることに匂いで感づくが、どうすればそれを開けられるか最初はわからない。しかし近くに設置されたレバーを押すと給餌器が開いてエサを取ることができる仕掛けになっている。この関係を**たまたま**発見して学習が成立すると、ネズミは安定してレバー押し行動を繰り返すことができるようになる。

Ｊ・チェーピンらは、オペラント条件づけをＢＭＩと組み合わせて独創的な実験を行った[9]。レバーを押して水を飲む行動を学習したネズミの運動野にＢＭＩを設置してニューロンの活動を記録し、レバーを押す前肢の運動に対応するニューロンの活動パターンを特定する。この解読が可能になると、ネズミの動きは外部からも予測可能になる。ニューロン活動をモニタ上で観察しているだけで、ネズミがこれからレバーを押すことが実験者にも読み取れるからである。そこで今度は、レバーと水が出るチューブの連結を切り、ネズミのニューロン活動だけに対応して水が出る仕掛けに切り替える。この状態で実験を続けたところ、六匹のうち四匹が最終的にはレバーを押さずにチューブから水を飲むことができるようになった。つまり、前肢を動かすことなく装置を操作して水を飲めるようになったのである。

後に、チェーピンの同僚のM・ニコレリスがもう少し複雑な設定の実験をサルで実施している[10]。ジョイスティックを動かすと画面上のカーソルが連動して動く装置をサルに使わせる。画面上のターゲットに向かって正しくカーソルを動かすことができると、サルには報酬のジュースが一滴与えられる。この実験は、カーソルの視覚的フィードバックを与えて正しい運動になっているかどうかサル自身が判断できる点で、ネズミの実験よりも複雑になっている。また、脳活動の記録も、より精密に手の運動を予測できるようにするため、運動野だけでなく前頭葉や頭頂葉の他のニューロンの活動も記録した。こうして、ニューロンの活動からジョイスティックを動かす手の動きを予測できるようになった段階で、ジョイスティックとカーソルの連結を段階的に外していく。サルは最初、脳だけでカーソルを動かせるようになるわけではなく、手が同時に動いている。ところが数週間の学習を経ると、手の動きが消え、体を動かすことなくカーソルを動かすことができるようになるのである。

これらの実験は、ニューロンを対象にしてオペラント条件づけを行うものなので「ニューラル・オペラント条件づけ」と呼ばれる。つまり、レバーを押したりジョイスティックでカーソルを動かしたりする自発的行動の条件づけの後で、さらにそれを置換するようなニューロン活動を条件づけによって形成するということである。他方、このような条件づけが可能になる技術的前提として、次の二点が必要だった。第一に、ネズミが前肢でレバーを押す運動や、サルがジョイスティックを操作する運動に対応する神経活動が解読されていること。第二に、それと同じ神経活動が生じるとき、外部機器が自動的に作動して、チューブから水やジュースが提供される回路が実現されていること。

ニューラル・オペラント条件づけを学習する段階でネズミやサルは何を経験しているのだろうか。ネズミは前肢でレバーを押せば水を得ることができたが、ある段階からレバーを何度押しても水は出なくなった。サルはジョイスティックを操ってカーソルを動かせばジュースを得ることができたが、ある段階からはジョイスティックを動かしてもカーソルは動かず、ジュースにありつけなくなった。ネズミは、装置の前で試行錯誤を幾度も繰り返し、以前レバーを押して水を得ていたときと**同じ脳活動をたまたま生じさせることに成功する**と、ＢＭＩが作動して水を得ることができるようになる。サルは、以前カーソルを動かしてジュースを得ていたときと**同じ脳活動をたまたま生じさせる**ことができれば、ＢＭＩが作動してジュースを得ることができるようになるのである。

これは、「考えることで機械を操作する」ことと同じではない。むしろ、通常の運動学習において「**コツをつかむ**」過程の変形版である。初めて自転車に乗ろうとした場面や、初めてプールで泳ごうとした場面を思い出すといい。どうすればいいか頭の中ではわかっているつもりだし、そのように全身を動かそうとするのだが、実際に試してみてもうまくいかない。同じ失敗を何度も繰り返すうちに、例えば、上体のぶれが収まって自転車が揺れなくなりスムーズに前進できるようになったり、水の中でうまく全身の力が抜けてふわっと浮力を得て沈まず泳げるようになったりするのである。装置を作動させようと試行錯誤する動物もこれと同じで、「レバーを押す運動」や「ジョイスティックを操作する運動」を考えたとしても、最初はおそらく装置がまったく反応しない状態が続き、同じ失敗を繰り返すうちに**たまたま**成功する場面が生じて学習が成立するのである。チェーピンの実験で六匹のうち二匹は学習に成功しなかったことも、学習過程に偶然の要因が潜んでいることを物語っている。この二匹は「たまたま」成功する場面を引き出せなかったのである。

一般的な運動学習の場合には、たまたまうまく動くことができる場面で得る運動感覚のフィードバックが手がかりになるため、いちどうまくいけば同じ状態を再現するための手がかりを得やすい。ニューラル・オペラントの場合にはそうした運動感覚のフィードバックはかかわらない可能性があり、同じ状態を作るうえでの「コツ」をつかむのは難しいだろうと想像される。だが、以前と同じ脳活動をたまたま生じさせることに成功できるかどうか、という「**偶然からの創発**」という事態そのものは、通常の運動学習となんら変わるところがない。

この点に関連して、ＢＭＩを用いたニューラル・オペラント条件づけについては、きわめて興味深い事実が知られている。条件づけの成立後には脳のあり方が変化するのである。先のネズミの実験では、前肢に信号を送っていた運動野のニューロン群は学習の成立後にはもはやその信号を送っておらず、前肢を制御することをやめてしまう。また、サルの実験では、手の運動を制御している運動野のニューロン群は、ＢＭＩでカーソルを動かし始める初期に活動が急激に上昇し、操作に慣れてくるとともに上昇が収まってくる。さらに、このような変化を経て手の動きを制御しなくなっていく。つまり身体を動かさずにＢＭＩを介して外部機器を操作できるようになると、脳の機能的な――そして見方によっては構造的な――変化が生じるのである。ＢＭＩの専門家である櫻井芳雄も、脳が「機械をより効率的に上手く動かすように脳自身の機能と構造を変えていく」[11]という事実を指摘している。

整理して考えてみよう。学習の以前も以後も、動物は同じニューロン活動を脳内で生じさせることができる。しかしながら、学習以前はネズミの前肢およびサルの手の運動を制御する指令を送っていた部位が、学習以後はそのような指令を送らなくなるのである。だとすると、脳の特定部位の神経活動が末梢における特定部位の特定の運動を表現するという発想それ自体が、学習以後は事実を適切に説明していないことになる。

学習の前後で変化していないのは、ネズミが水を飲もうとする意図、サルがカーソルを動かしてジュースを獲得しようとする意図である。図6―1のように中枢と末梢の関係を一対一対応で考えてしまうと、ニューラル・オペラント条件づけで生じる脳の可塑性は理解できない。同じ神経活動であったとしても、同じ身体運動の指令を表現しているわけではないからである。第4章の最後で論じた、「身体と環境のあいだに拡がる心」の概念を思い起こそう。学習以前、ネズミの意図もサルの意図も「脳―身体―環境」という全体的な系において実現していた。意図はまさに、身体と環境のあいだに拡がる心の状態を示すものだったのである。だとすると、**ＢＭＩが可能にしているのは「脳―身体―環境」という系を「脳―ＢＭＩ―外部装置―環境」という系に置き換えること**である。

さらにいうと、このような置換を可能にしているのは、動物にもともと備わる柔軟な学習能力に他ならない。道具を使用する場面を考えてみよう。ひとは手を伸ばして物体をつかむことができるが、手の代わりにマジックハンドを使って同じ物体をつかむことができる。手でつかむときとマジックハンドでつかむときとでは、手から腕にかけての関節や筋肉の形状と力の入れ具合を大きく変えなければならない。同じ身体部位を使用していても、表現している運動はかなり異なっている。にもかかわらず、物体をつかもうとする意図そのものには何の変化もない。「手—物体」という系が「手—マジックハンド—物体」という系に置き換わるのである。

このような比喩で考えるならば、脳がしている仕事も基本的には同じだと考えてよい。手や腕の筋肉と関節が実現できる運動には一定の制約があるものの、同じ意図を実現するうえで柔軟に役割を変更することができる。それと同様に、脳の運動野も、実現できる運動指令には一定の制約があるものの、特定の意図を実現するうえで柔軟に役割を変更することができるのである。

だとすれば、脳と身体の関係を、一対一に対応する中枢と末梢の関係として理解すべきではない。行為主体がなんらかの意図をもって振る舞おうとする場合に、与えられた環境の中でその意図を実現することができるよう、**脳と身体は相互の関係をそのつど柔軟に調整している**と考えるべきである。脳が身体を制御するという関係ではなく、「脳—身体—環境」という全体的な系が必要に応じて柔軟に組み換わりながら、同じ行為主体の意図が実現されるという関係にあるのである。

したがって、ＢＭＩが実現しているのは、あくまで「生身」の身体に代わることのできる「機械の身体」だということになるだろう。ＢＭＩは、脳があれば身体は不要であるという「脱身体の思想」を実現しているのではなく、「機械の身体」というオルタナティヴな身体のあり方を提示しているのである。また、ＢＭＩとともに当事者が体現しているのは、サイボーグという「脱身体」ではなく、環境に拡がる行為の意図を代替する「拡張身体」に他ならない。

「脱身体の思想」の広がり――身体錯覚の研究

「脱身体の思想」は、ＢＭＩのように脳から身体への出力過程を代替する装置だけでなく、身体から脳への入力過程の研究が進展するとともに広まった面もある。これを積極的に推し広める役割を担ったのが、二一世紀に入ったころから急激に盛んになった各種の「身体感覚の錯覚」実験である。

まずはラバーハンド錯覚である。ゴムの手を用いた実験で引き起こされる錯覚のためこのように呼ばれている。Ｍ・ボトヴィニックとＪ・コーエンのオリジナルの論文[12]に沿って手順を説明しておこう。実験参加者はテーブルの上に左腕を置いた状態で座る（図6―3では右腕になっているがオリジナルの実験では左腕である）。左腕より体幹に近い位置にそれと同じサイズのゴムの手を並べ、両者のあいだをスクリーンで遮蔽し、参加者本人にはゴムの手しか見えない状態にする。参加者にゴムの手に視線を集中させるよう求め、この状態で向かいにいる実験者が本物の左手とゴムの手をできるだけ同じタイミングで筆を使ってなでていくと、参加者は本物の手よりもむしろゴムの手の上に触覚を感じる。刺激のタイミングをずらすと、この錯覚

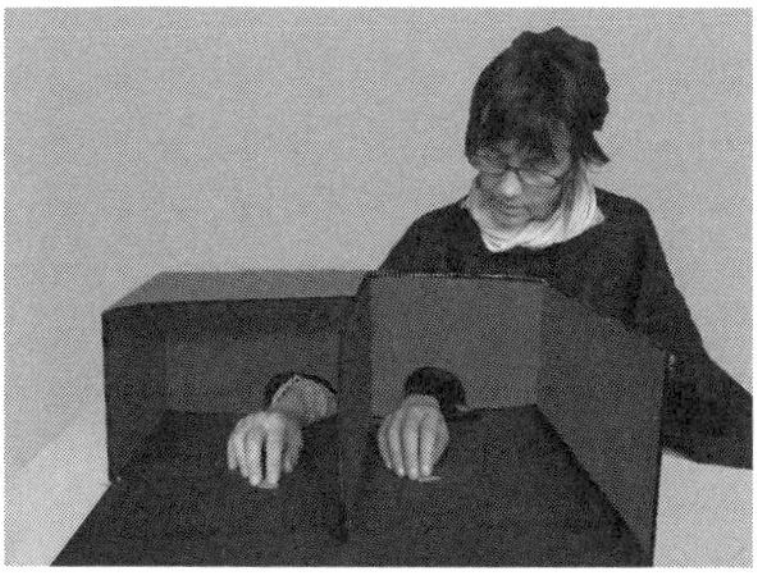

図6―3：ラバーハンド錯覚（Moguillansky et al., 2013)[13]

はきわめて生じにくくなる。

同期条件での刺激を一〇分間繰り返した後で質問紙への回答を求めたところ、次の三項目で参加者の主観的な錯覚経験が顕著だった。(a)私がゴムの手を見ているその位置に、筆の接触を感じているかのようだった。(b)私が感じた触覚は、ゴムの手に触れている筆によって引き起こされたかのようだった。(c)ゴムの手が自分の手であるかのように感じられた。最後の(c)については、自由記述の回答を通じて一〇人中八人の参加者がすすんで「所有（ownership）」の感覚に言及していたことも合わせて報告されている。

さしあたり、ラバーハンド錯覚の経験内容は、次の二点に整理することができるだろう。第一に、**触覚の位置の錯覚**である。筆でなでられている感覚は、本物の手のある位置というよりは、ゴムの手の置かれている位置で生じているように参加者には感じられる。第二に、**所有感の錯覚**である。参加者は、ゴムの手が自分の手でないことはもちろん理解しているが、錯覚が生じるとそれがあたかも自分の手であるかのように感じられるのである。

これら二つは理論上の整理であって、錯覚の実体験においては区別しがたい（ラバーハンド錯覚は体験それ自体が面白く引き込まれるものなので読者も試してみるといい）。いずれにしても興味深いのは、外見において多少の類似性があるものの、ただの物体であるゴムの手において、「自分の手」という主観的な感じを引き起こすことに成功している点である。手という特定の身体部位においてこのような錯覚を引き起こすことができるのだとしたら、当然のことながら、これを全身に拡大できるかどうか試してみたくなるだろう。この実験から約一〇年が経った二〇〇七年には、ラバーハンド錯覚を全身に拡大した錯覚を報告する論文[14]が現れた。

この錯覚を引き起こす実験手続きは次のとおりである。図6―4に見られるように、実験参加者はヘッドマウントディスプレイを装着し、実験室内の特定の位置に立ち、二メートル前方に映し出された自分の背中を見る。映像中の背中はロッドでなでられているが、それと同じタイミングで本物の背中の同じ部位が実験者によってロッドで刺激される。なお、映像は実験に先行して図中のビデオカメラの位置から録画されたものである。ラバーハンド錯覚では錯覚経験が手に限定されていたのに対して、ここでは錯覚が全身を対象としているため「フルボディ錯覚（full-body illusion）」と後に名づけられた[15]。参加者には一分間継続して刺激が与えられ、映像との同期条件と非同期条件で錯覚が比較された。実験終了直後に、目隠しをした状態で錯覚経験中の自己位置に移動するよう求めたところ、同期条件では前方に向かって有意に大きく移動する結果が得られた。平均して二四・一±九・〇センチメートル、実験位置から前方へのドリフトが観察された。

論文中で指摘されているとおり、この実験は、側頭頭頂接合部の

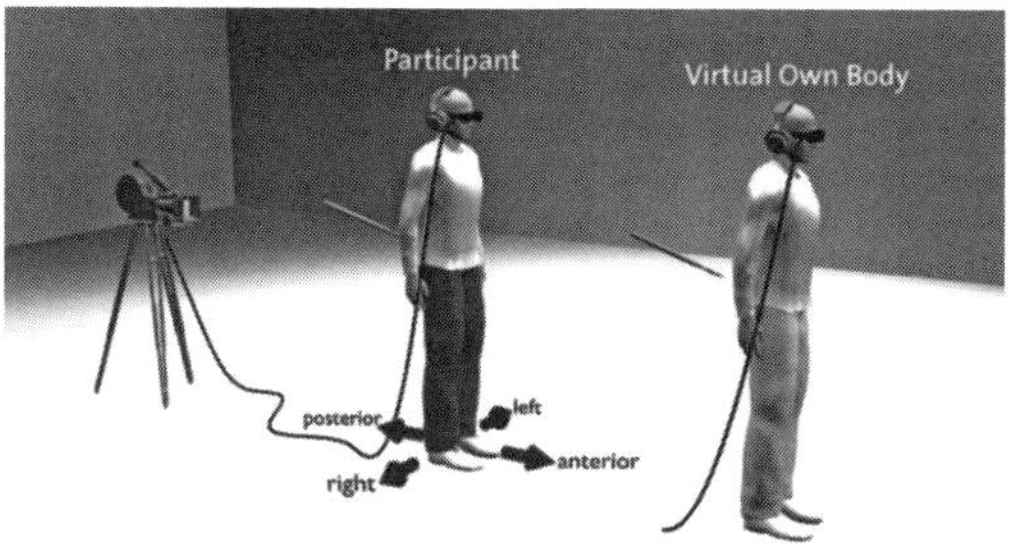

図6―4：フルボディ錯覚[14]（Lenggenhager et al., 2007）

病変によって引き起こされ、身体外部の視点から自己の身体を目撃するとされる「体外離脱体験」[16]を参考にしてデザインされた。つまり、実験の意図としては、ラバーハンド錯覚の原理を全身に拡大してディスプレイ中に表示される全身像に自己を同一化させることで、自己位置感を身体の外部に誘導し、自己身体を後ろから目撃しているような錯覚を生じさせることを狙ったものだった。ラバーハンドが「自分の手」として感じられるのなら、ディスプレイ上に表示される全身像は「自分の身体」として感じられるだろうし、その結果、主観的に本人が経験する自己位置もまた前方にずれるだろう、という見通しのもとで実施された実験だったのである。
錯覚内容の詳細について、同論文では以下のように主張されている。重要な主張と思われる二箇所を引用しておこう。

――自己身体の外部の位置に向かっての錯覚的な自己局所化が示しているのは、身体的自己意識および自己性が、自己の物理的身体の位置から分離されうるということである。[17]
――われわれが見出したのは、多感覚コンフリクトを通じて、実験参加者は、自分の前方に見える仮想身体が自分自身の身体であるかのように感じること、また、自己身体の境界の外部の位置、仮想身体に向かって自己自身を誤って局所化するということである。[18]

注意深く読むとわかるとおり、著者らは、この実験状況で経験されるのが完全な体外離脱であるとまでは主張していない。含みのある言い方で、主観的に「私がいる」と感じられる位置は自己身体ではなくディスプレイ上に映し出された全身像の位置に移行しており、この種の錯覚がもっと強まれば、「身体的自己意識」が物理的身体の位置から究極的には分離されうると指摘している。

自己身体は錯覚の産物なのか？

以上の錯覚研究を確認したうえで最初に注目すべきなのが、ゴムの手やヘッドマウントディスプレイの中の仮想身体において**所有感**を引き起こすことに成功していることだろう。所有感とは言葉のとおり、「これは私のものだ」という主観的な感じのことを指す。私たちは通常、感覚神経がつながった生身の身体においてのみ「これは私の身体だ」という所有感を感じ、他者の身体や物体についてそのような感じを持つことはない。例えば、電車に乗っているときに隣の乗客と自分がともに膝の上に手を置いてよく似た姿勢をしているとしても、隣の人の手を見て「自分の手だ」と感じることはない。また、愛用している物品、例えばラケットやグローブなどについて愛着を抱くことはあるかもしれないが、自己の身体について常時感じている「私のもの」という暗黙の感じがそれらに拡張することはない。

このような所有感は、実験手順に示されているとおり、物体や仮想身体への視覚刺激と本物の身体への触覚刺激が同期して与えられ、それが脳内の前運動皮質を中心とする部位で統合されることで生じる（このように複数の感覚が統合されることを「多感覚統合」と呼ぶ）[19]。この観点からいうなら、私たちが日頃感じている生身の身体についての所有感もまた、末梢から同期してやってくる視覚刺激と触覚刺激が脳内で統合されることで生じていることになる。例えば、私がコップをつかむとき、手の動きは視野の周辺に見えており、つかんだ瞬間には触覚的な感じが手先から伝わってくる。視覚と触覚が同期して与えられているから、この手は「私の手」という所有感を帯びて経験されるということである。

ところで、所有感が脳内での多感覚統合に還元できるのだとすれば、自己の身体につねに生じている所有感もまた脳内で生じた統合に由来することになるだろう。つまり、私たちが「自分の身体」と信じて疑わないこの身体もまた、脳が生み出した錯覚の一種であるという理解である。実際、事故や手術で四肢の一部を失った後も幻の身体の感覚が残る「幻肢」の研究で有名なV・ラマチャンドラン（一九五一〜　）は、自身の研究に即して次のように印象的な言葉を述べている――「しかしそこには、「あなたの体そのものが幻であり、脳がまったくの便宜上、一時的に構築したものだ」という、もっと深いメッセージもこめられている」[20]。

この言葉は、神経科学の研究に潜む「脱身体の思想」を凝縮したものだといっていい。外界についての知覚が脳内で再構築された表象であるのと同様に、私たちが実在すると信じて疑わないこの身体もまた、脳内の多感覚統合によって生み出された幻にすぎない。それは、脳が多感覚統合の処理をやめてしまえば「私の身体」という感じが消失したただの物体に戻るのだ。真に実在するのは脳だけであって、どのような物体が「私の身体」になるのかは選択的である……。ラマチャンドランの言葉はこのような思想を含意するものである。

本書はこのような見方には立たない。ラバーハンド錯覚やフルボディ錯覚の経験が生じている場面そのものに即して、これらの錯覚経験がどのようなものであるかを再度記述しておこう（幻肢については第4章の議論も参照してほしい）。なお、議論の詳細は別の拙論[21]に譲ることにし、ここでは骨子を述べるにとどめる。

そもそも、これらの身体錯覚では刺激のひとつに触覚が必要であることに注意しよう。触覚には空間性をめぐる不思議な性質があって、もともと、触覚の位置を認知するうえで視覚は必要ではない。例えば、背中がかゆい場合、かゆいと感じられる部位は目で見ることはできないが、きわめて正確にその位置を特定することができる。このような触覚の定位は、第4章と第5章で論じた身体図式と身体イメージの機能によって可能になっている。かゆい場所に自然に手が伸びる場合のように、自己の身体を明示的に意識しなくても刺激を定位できるという意味では、これは身体図式のレベルの現象である。一方で、痛みの生じている部位を正確に特定しようとするような場合、身体は明示的な知覚対象として像を結んでおり、身体イメージのレベルの現象となる。

神経科学的に見ると、触覚の定位は一次体性感覚野に多くを負っていると見られているが、現象学的に見て重要な点は、体表面上に与えられた触覚刺激の空間的な位置は、つねに主観的に経験される「ここ」として定位されるということにある。一般に、主観的に経験される触覚は、全身のどこで生じても「ここ」という空間的意味をもつ近感覚として経験されるが、その「**ここ**」**は、全身の他の部**

位を背景とする図として浮かび上がるようなしかたで特定される。つまり、触覚的な図と地のゲシュタルトとして体表面は構造化されているのである。触刺激が与えられている空間的位置を「他の場所ではないここ」として特定するうえで視覚は必要ではない。

この点をふまえて考えると、上記二つの身体錯覚の経験のひとつの焦点は、視覚優位なしかたで触覚空間が再編される点にある。視覚はいわゆる遠感覚であり、視覚的対象は、主観的な経験としては私から離れた「そこ」に定位される。目を閉じて指先で物体に触れると、触れている対象は「ここ」に定位されるが、目を開いて同じ物体を知覚すると、その物体は「そこ」に存在しているように見える。実験状況での参加者は、目の前に置かれたゴムの手や、ディスプレイ上に表示された背中が実験者によってなでられるのを見ている。このとき、刺激は視覚を通じて「そこ」に定位されている。つまり、視覚的に現れている「そこ」が、触覚的に感じられる「ここ」としても本人には経験されるということである。これらの錯覚で生じているのは、主観的な空間性としては「そこ」であると同時に「ここ」である。

所有感の錯覚も、このような空間性と切り離せない。もともと「自己の身体」として感じられるこの身体は、物体とも他者の身体とも違って、体性感覚を通じて漠然としたボリューム感とともに「ここ」に広がっているものとして経験されている。また、身体を通じて主観的に経験される「ここ」という空間は、デカルト的座標系のような客観的空間の中の一点に収束することがなく、つねに内側から感じられる一定の広がりを備えている。加えて、主観的な「ここ」という空間は、私が動くたびに随伴し、さっきまで「そこ」に見えていた場所を「ここ」に変化させる。したがって、触覚を通じて現れる「ここ」という空間性は、固有感覚や運動感覚といった体性感覚と密接に連動する「自己の身体」の特徴なのであって、フッサールが述べているように、私はつねに知覚や行為における方向定位の原点としてそれを経験している[22]。私は必ず身体の位置する「ここ」で知覚し、「ここ」から行為するが、この「ここ」はそれ以外の「どこか」と置き換えがきかない。

内側から感じる「ここ」が一定の広がりを持っているのと同時に、先に見たとおり自己身体の表面は身体図式と身体イメージを通じてマッピングされている。体表面は主観的にはすべて「ここ」という性質を帯びて経験されるものでありながら、表面のどこかに触覚刺激が与えられると、他の部位とは区別された「他の場所ではないここ」として局所化して感じられる。この点で、主観的に経験される身体内部の空間は独特のしかたで構造化されている。閉眼して固有感覚に沿って経験すると、身体内部は、一種の遠近感はあるものの漠然とした広がりをともなう「ここ」としてまとまって経験される。しかし足先に触れられたり胸元に触れられたりすると、「点」のように限定された「ここ」という性質とともに感じられる。つまり、**私が触覚的に「ここ」を局所化された一点として特定するときは、その背景において全身の空間的広がりが暗黙に経験されている**のである。私たちの身体は、漠然とした広がりとして経験される「ここ」を、触覚を通じて特定の点としての「ここ」に変換する能力を備えている。

ラバーハンド錯覚で生じる所有感の錯覚は、以上の点と深く関係していると思われる。視覚優位なしかたで触覚空間が再編されると、視覚的に「そこ」に見えていたゴムの手が、触覚的に「ここ」に感じられる。そのとき、ゴムの手において経験される「ここ」は、自己の身体全般に向かって内側から感じられる一定の広がりとしての「ここ」という空間性へと組み込まれている。すなわち、固有感覚と連動する触覚の空間に組み入れられる。そのため、ゴムの手は「自己の身体」の一部として経験されるのである。所有感の錯覚は、触覚の位置の錯覚と本質的に結びついているのであって、触覚を空間的に定位する「ここ」という自己身体の空間的な広がりと不可分な関係にある。

フルボディ錯覚でも、基本的には同じ現象が生じている。錯覚が生じている最中、触覚的な「ここ」は、仮想身体が視覚的に見えているディスプレイ中の「そこ」に統合されているが、自己身体に加わる触覚刺激が消えてなくなるわけではない。したがって、錯覚を経験しているあいだも、触覚を通じて主観的に「ここ」として経験される位置は、仮想身体の背中だけではなく、自己身体の背中にも潜在的に残り続ける。すでに述べたとおり、「ここ」として感じられる空間性は、主観的に経験されされる自己の身体とは切り離せない関係にある。言い換えると、「私がいる」と感じられる位置感覚はつねに、自己身体が経験される「ここ」という空間性と結合しているということである。もちろん一方で、この実験では、視覚優位の統合によって、ディスプレイ上に映し出される仮想身体の上で触れられているように参加者は感じ、かつ、その仮想身体が「自己の身体」であるかのように感じるだろう。ただし、「ここ」として経験される位置は、仮想身体上だけでなく、触覚と固有感覚にともなう潜在的な空間性を通じて自己身体の側にも残存し続ける。そうだとすると、この錯覚では、自己位置感が自己身体から仮想身体へと「乗り移る」ような事態が生じているわけではなく、二つの身体に自己位置感が生じていると考えるほうが適切である。この錯覚を経験しているあいだ、**「私」は、自己身体上で感じられる触覚的な「ここ」と、仮想身体上で錯覚的に感じられる「ここ」のどちら側にも存在する**のである。

結局のところ、身体の所有感をゴムの手や仮想身体の上で再現できるからといって、また、その所有感が脳内の多感覚統合に由来するからといって、私たちが「自己の身体」と感じているこの身体それ自体が錯覚であるということにはならない。そもそも、脳とつながった身体が機能しており、ベースラインで作動している「これが私の身体である」という暗黙の所有感が最初になければ、それをゴムの手や仮想身体へと拡張すること自体が不可能になってしまう。むしろ、こうした身体錯覚の現象は、**脳とつながった身体が物体や仮想身体などを包み込んで拡張しうる**という事実を物語っているのである。ここでもやはり、「脱身体」よりも「拡張身体」という概念で現象をとらえるほうが実態に見合っている。

「身体化された自己」の拡張

ここまで、ＢＭＩと身体錯覚について、これらを経験する当事者の一人称視点に沿って現象学的な記述を試みてきた。これによってわかったのは、第一に、ＢＭＩが実現しているのは「頭の中で考えたとおりに外部機器を操作する」ということではなく、「偶然からの創発」を伴う運動学習を通じて、

「脳―身体―環境」という系を「脳―BMI―外部機器―環境」という系に柔軟に組み換えていくことだった。BMIの技術は基本的に、「脳―身体」という生体のユニットに備わっている運動学習の能力を、一般的な道具の進化系である神経工学的なデバイスへと拡張する特徴を持っている。

第二に、身体錯覚がもたらすのは、視覚的な「そこ」に見える物体や仮想身体を、体性感覚的な「ここ」に取り込むことで、所有感を通じて「自己の身体」を外部へと拡張していくことだった。視覚的な空間座標と触覚的な空間座標はもともと異なる性質を持っているが、神経系でつながった通常の「脳―身体」という生体のユニットで成立している両者の統合関係を、外部に拡張できる場面で身体錯覚が生じる。脳と身体を切り離す発想では、この錯覚の本質を取り逃すことになる。

すでに述べたとおり、一般的な神経科学の発想では、脳という中枢によって制御される末梢の器官として身体を理解しがちであるため、脳内過程が理解できれば、末梢の器官である身体そのものを取り去るとか代替することができるといった発想に陥りやすい。このとき、暗黙のうちに、身体という末梢に変更を加えても、脳だけと緊密に連合している「自己」の側に変更は生じないという「脱身体の思想」が前提とされる傾向がある。これは、身体がなくても自己は同じ姿で存続しうるというデカルト的な「われ思う」の思想の現代版である。

このようなデカルトに由来する見方が間違っていることは、神経科学の内部でもすでに指摘されている。とくにA・ダマシオ（一九四四～　）は、情動の作用に注目し、情動が脳と身体の緊密なやり取りにおいてしか成立しないことに着目し、脳を身体から切り離す見方を批判して『デカルトの誤り』という題名の著作に研究成果をまとめているくらいである[23]。「脱身体」という発想は、図６―１に示したとおり、感覚神経や運動神経のような体性神経系に連動する脳内過程を問題にするだけなら一見すると成立する余地があるように見える。しかし、自律神経やそれに連動する作用を問い始めると、脳と身体がむしろ緊密に連携していることがかえって明らかになるのである。

私たちが見出してきたのは、あくまで「脳―身体」というユニット全体によって「自己」は保たれており、「脳―身体」というユニットが環境との関係でその姿を変えてしまえば「自己」のあり方もまた変化するということだった。このような見方を「**身体化された自己**（embodied self）」と名づけることができる。哲学者のＴ・フックス（一九五八～　）は、脳が身体と結合しており、身体からボトムアップに流れ込む内受容感覚（内臓を始めとする身体の深部に由来する感覚的情報で、自律神経が情報を伝達する）と脳が相互作用することで、私たちが素朴かつ暗黙に感じている「生きている感じ（feeling of being alive）」が生じるとし、これが最も根源的な自己感を生じさせるという[24]。「身体化された自己」の根底にあるのも、この「生きている感じ」に他ならないだろう。

ただし、このような根源的な生の感覚に裏づけられた自己感については、現状では科学技術の力を借りて拡張できるかどうか不明である。私たちが本章で検討してきたＢＭＩや身体錯覚から読み取れるのは、「生きている感じ」のように内受容感覚に対応するレベルの身体性ではなく、知覚や行為という体性感覚に対応するレベルの身体性なら拡張することができるということである。このように限定的な意味での「身体化された自己」は、哲学者Ｓ・ギャラガーが「ミニマル・セルフ（最小の自己）」という概念で提示してきた自己観に近い。ミニマル・セルフは、最小の時間の流れとともに成立する「いま・ここ」の瞬間的な自己感を指すが、ギャラガーによると、この自己感は「所有感(sense of ownership)」と「主体感（sense of agency)」という二つの要因で成立している[25][26]。

両者はいずれも、私たちの経験に付随する「暗黙の感じ」を指す。「所有感」は、どのような経験をしているときもそこに付随している「これは**私の**経験である」という暗黙の感じのことである。知覚であれ行為であれ、私たちはどのような経験をしているときも、それが「私の」経験であって誰か他の人の経験であると感じることはない。これは自明なことでありすぎて、あえて明示的に言語化されることのないような暗黙の感じである。他方、「主体感」は、「その経験を**私が**引き起こしている」「その行為を**私が**行っている」という主体性の感じを指す。所有感よりはやや明瞭に経験される感じである。歩行を例に取ると、「歩く」という経験をしている最中、私ははっきりと自覚しなくても、つねに「歩くという経験を私が引き起こしている」との暗黙の感じを保持している。これが主体感である。一方で、歩いている最中に誰かにぶつかってよろめくと、よろめく経験は私が引き起こしたものではないため、その瞬間に主体感は消失するが、依然としてそれは「私の経験」として進行しており、所有感は残る。

私たちが本章で見てきたのは、**主体感や所有感に人工的な変容を引き起こすことで、「身体化された自己」を拡張することができる**という事実である。

主体感から検討しよう。ＢＭＩの基盤であるニューラル・オペラント条件づけの実験では、ネズミやサルは、BMIを介した運動学習にたまたま成功することで、身体を動かさなくても「装置を動かすことができる」という主体感を拡張することに成功していた。ブレインゲートを装着したネーゲル氏が獲得したのも、四肢麻痺で動かない身体に代えて、カーソルを動かしたり、電動義手を動かしたりすることができるという暗黙の主体感である。頭の中で明示的にそのつどカーソルの動かし方を考えるということではBMIは使い物にならない。コツをつかんでしまえば深く考えなくても特定の身体運動ができるというしかたで、暗黙の主体感を外部デバイスへと拡張できるということが重要な点である。BMIは、「脳―身体」という生体ユニットに外部デバイスを取り入れて主体感を広げることで、「身体化された自己」を拡張するのである。

このように考えるなら、必ずしもBMIだけが私たちの身体の未来を考える手がかりではないことになるだろう。身体にデバイスを接続して主体感を広げるという工夫は、もともと人間を人間たらしめてきた特徴の一つである「道具使用」に由来する。二一世紀の現在において考慮すべき文脈は、神経科学の進展と関連する技術開発の進展によって、ヒトの持っている道具使用の可能性が多種多様な方向に拡大しつつあるということである。具体的には、主体感の拡張に関連して以下のような例を考えられるだろう。
①　**腕を代替するロボットアーム**：神経系にロボットアームを接続することで、失った腕を代替する。この種の技術は「バイオニックアーム」としてすでに実用化されている。物をつかんだときの触覚を再現できない問題はまだ残っているが、つかむ、はさむ、持ち上げる、にぎる、と

いった基本的な操作はすでに十分可能である[27]。
②**エンハンスメント**：このような代替が可能だとすれば、エンハンスメントとしてのロボットアームやロボットレッグの設置も可能かもしれない。健常な腕や脚があることに加えて、着脱可能な電動義肢を生体に接続するようなエンハンスメントである。
③**運転補助技術**：道具使用の可能性を拡大するという意味では、自動車、電車、航空機などの運転補助にBMIを利用することも可能であろう。もちろん、人間の手が持つ操作能力の細かさ、正確性、速さを代替できるレベルの技術がBMIで実現可能かどうか、あるいは自動運転技術との関連など、具体的な検討課題は残るが、測定された脳波を運転支援に活用するような萌芽的な技術は実用化されている[28]。
④**分身ロボット**：人間が自己身体を動かす代わりに、ロボットの身体を操作するという拡張のしかたも十分に考えられる。自分に酷似するロボットを製作してそれを遠隔操作するという実装は石黒浩によってすでに行われているが[29]、これを神経系と連動させることによってさまざまな可能性が開けるだろう。
⑤**空間探索の拡張**：ロボットはまた、被災地、原子力発電所、体内、宇宙空間など、人間が自らの身体で探索しづらい空間でも活動することが可能である。こうしたロボットの遠隔操作技術が神経系と連動することは、そうした特殊空間での実利を拡大することだけでなく、人間にとって生活世界の根本的な拡大という意味を持つ。とくに宇宙空間を生活空間に取り込めること

の意義は大きい。

所有感のほうはどうだろうか。人工的に引き起こすことのできる所有感の変容は、ギャラガーが指摘しているような経験それ自体に付随する所有感ではなく、身体に付随する所有感であることをまずは明確にしておこう。身体錯覚が提供するのは、ゴムの手や全身像など、視覚的な刺激を通じて「そこ」に擬似身体として見えているものに対して所有感が一時的に拡大し、自己の身体であるかのように体性感覚を通じて「ここ」に感じられる、という経験である。したがって、物体、他者の身体、ディスプレイ中の身体、アバターなど、視覚的に利用できる素材をさまざまに利用する仕方で「身体化された自己」を拡張していくような応用を考えることができるだろう。

これは、私たちの持つ「身体イメージ」をどれほど柔軟に組み換えられるかという探究でもある。関連する研究は、二〇一〇年代以降、ヴァーチャルリアリティ（ＶＲ）を用いてさまざまに試みられている。ＶＲ内でアバターを通じて現実の身体とは異なる身体イメージを実験参加者に経験させることで、参加者の自己感に変化をもたらすという研究である。

よく知られる例をいくつか挙げておこう。例えば、大人の被験者にＶＲ内で四歳児の子どものアバターに同一化する錯覚を経験させると、その結果として物体サイズの知覚に歪みが生じ、子どもが知覚しているかのようにより大きく物体を知覚するという結果が生じる[30]。あるいは、ＶＲ内でスーパーマンのように飛ぶことができ、両腕で子どもを抱き上げて助けるという「ヒーローの身体」を経験すると、現実世界においても他人が落としたペンを拾ってあげるという類の援助行動が増える[31]。また、前章でのファノンの経験を思い出してもらうと興味深いが、白人の被験者にＶＲ内で肌の色を変えて黒人のアバターに同一化する錯覚を経験させると、潜在的な人種差別的バイアスが低減する、との報告も見られる[32]。

ＶＲを用いた一連の研究が新たに付け加えた新たな知見は、所有感の錯覚を介してアバターへの同一化が生じると、現実空間に戻った後でも、そのような自己イメージに対応する振る舞い方が生じるということである。このように、日常と異なる身体イメージに同一化することで、その身体イメージに沿った行動特性の変容が生じることを心理学者のＮ・イーとＪ・ベイレンソンは「プロテウス効果」と呼んでいる[33]。ギリシア神話に登場し、変幻自在に姿を変える力を持つ海神「プロテウス」の名を借りたものである。彼らはもともとオンライン・コミュニケーションを通じて特定のキャラクターとして振る舞うことの影響をこのように名づけたのだが、ＶＲでアバターを利用する場合、身体所有感の拡張を通じてより本格的に自己の変容が生じるため、プロテウス効果はさらに強まる。

認知神経科学を専門とする嶋田総太郎は、この点について「バックプロジェクション」という現象が見られると指摘している[34]。ヒーローや異人種などのアバターへと自己を投射（プロジェクション）することで、今度はそのアバターの性質が自己に向かって逆投射（バックプロジェクション）されるということである。ここでの議論に合わせて補足すると次のように言えるだろう。ひとはアバターの姿を借りることで普段とは異なる身体イメージを経験する。そして、ＶＲ環境の中でアバターに相応《ふさわ》しい行為を繰り返すことで、仮想現実の内部で一定の自律性のある知覚と行為を経験する。それにより、VR内部で経験される「変身した自己」のあり方を学習し、それがこれまでの自己とは違ったしかたで定着する可能性がある、ということである。アバターの身体イメージに見合うようなしかたで、「自己の書き換え」とも呼びうる現象が生じるのである。

＊

このように見てくると、「身体化された自己」の拡張が、私たちの社会生活そのものの大きな変化と連動して生じる近未来が垣間見えるだろう。主体感の拡張は、「脳―身体―環境」という系が「脳―身体―外部デバイス―環境」という系に拡大することに関係していた。人類の過去の歴史を見ても、身体が環境と出会う技術的なインタフェースが変化すると、しばしば環境世界との関わり方が劇的に変化する。石器や鉄器のような原始的な道具もそうだったし、コンピュータ、携帯電話、タブレット端末のような現代の情報機器も同様である。新しい技術は、今までになかったしかたで主体感を拡張し、身体と世界との新しい関わり方を可能にする。脳と連動する電動義肢、脳と連動する乗り物、脳と連動するロボット等。これらは、「脳だけが保存されていればいい」という発想で技術を開発しようとしても早晩行き詰まる。「脳―身体」というユニットのもとで私たちが経験している主体感を拡張することでしか実現できない技術だろう。逆に、主体感を適切に拡張しつつ技術開発が進めば、私たちは今までよりもずっと微細なしかたで世界に関与できるようになるはずである。人間の手が持っている器用さ、巧みさ、細かさ、力強さ、正確さを技術的にさらに拡大したしかたで対象を制御することが可能になるからである。これは、私たち**人間と環境世界との出会い方の質を無数の場面**

で**変える**ことになるだろう。

他方、所有感の拡張は、仮想現実へと私たち人間が生きる世界を大きく拡大することになる。「身体化された自己」が生きる環境は、もはや物理的世界だけではない。人間はもともと、メディアの発達とともに生活世界を重層化してきた。活字、書物、絵画、写真、映像など、私たちが想像力を介して構築してきた世界はたんなる物理的次元の上に幾重にも重なっている。VR技術がこれに加えるものがあるとすれば、「自己の身体」という所有感を濃密に含むアバターとともに入り込める仮想空間である。活字も写真も映像も、それを経験する主体にとっては、想像とともに入り込むことはできても、アバターの持つ行為可能性とともに入り込むことはできない。アバターは仮想空間内でさまざまな行為と知覚の能力を持つのであり、「身体とともに入り込める奥行きのあるメディア」である点が従来のメディアとは決定的に違っている。アバターとともに、人間は初めて物理的世界と異なる世界の中で、自ら行為する存在となるのである。これは「身体化された自己」の拡張にとどまらず、**人間が新しく適応すべき世界そのものを構築する営み**になるだろう。

結局のところ、脳神経科学が進歩することによって、人間は「脱身体」という方向には決して進んでいない。また、そうした方向に技術開発を進めようとしても、おそらく行き詰まる。むしろ、「脳―身体」というユニットがもともと宿していた柔軟な可能性を極限まで開花させる「拡張身体」の方向にこそ科学と技術の進歩が垣間見えるし、またそうした方向に進むところにこそ「大きな理性」としての身体の未来があると言うべきである。

注

［序章］
1 ルソー『エミール（中）』（今野一雄訳）岩波文庫、一九六三年
2 デカルト『哲学原理』（桂寿一訳）岩波文庫、一九六四年
3 カント『純粋理性批判（上）（中）（下）』（篠田英雄訳）岩波文庫、一九六一―一九六二年
4 G・W・F・ヘーゲル『精神現象学（上）（下）』（熊野純彦訳）ちくま学芸文庫、二〇一八年
5 木田元『反哲学史』講談社学術文庫、二〇〇〇年、一八五ページ
6 Merleau-Ponty, M. (1945). *Phénoménologie de la perception*. Paris, France: Gallimard.（中島盛夫訳『知覚の現象学』法政大学出版局、二〇一五年）
7 松葉祥一・本郷均・廣瀬浩司編『メルロ＝ポンティ読本』法政大学出版局、二〇一八年
8 Bergson, H. (1896). *Matière et mémoire, essai sur la relation du corps à l'esprit*. Paris, France: PUF.（熊野純彦訳『物質と記憶』岩波文庫、二〇一五年）
9 Husserl, E. (1952). *Ideen zu einer reinen Phänomenologie und phänomenologischen Philosophie*, Zweites Buch. The Hague, Netherlands: Martinus Nijhoff.（立松弘孝・別所良美訳『イデーン II―I』、立松弘孝・榊原哲也訳『イデーン II―II』みすず書房、二〇〇一年／二〇〇九年）
10 Husserl (1952). p. 152.
11 Freud, S. (1895). Studien über Hysterie. In *Gesammelte Werke*, Bd I. London, UK: Imago Publishing.（芝伸太郎訳「ヒステリー研究」『フロイト全集 2』所収、岩波書店、二〇〇八年）
12 Nietzsche, F. (1883-1885). *Also sprach Zarathustra*. Leibzig, Germany: Ernst Schmeitzner.（氷上英廣訳『ツァラト

ゥストラはこう言った（上）（下）』岩波文庫、一九六七年・一九七〇年）
13 同書（上）、邦訳五一ページ
14 同書（上）、邦訳五一—五二ページ
15 同書（上）、邦訳五四ページ
16 Husserl, E. (1966). *Zur Phänomenologie des inneren Zeitbewusstseins*. The Hague, Netherlands: Martinus Nijhoff.（谷徹訳『内的時間意識の現象学』ちくま学芸文庫、二〇一六年）
17 ニーチェ、前掲書（下）、邦訳一三二ページ
18 同書（下）、邦訳一三八ページ

［第1章］

1 Freud, S. (1895). Studien über Hysterie. In *Gesammelte Werke*, Bd I. London, UK: Imago Publishing.（芝伸太郎訳「ヒステリー研究」『フロイト全集　2』所収、岩波書店、二〇〇八年）
2 ラッシェル・ベイカー『フロイト——その思想と生涯』（宮城音弥訳）講談社現代新書、一九七五年、四七ページ
3 平野亮『骨相学——能力人間学のアルケオロジー』世織書房、二〇一五年
4 小俣和一郎「グリージンガー」、加藤敏他編『現代精神医学事典』所収、弘文堂、二〇一一年
5 犬伏知生・酒井邦嘉「言語中枢」、林康紀他編『脳科学辞典』所収、二〇一四年（https://bsd.neuroinf.jp/wiki/言語中枢）DOI：10.14931/bsd.4833
6 フロイト「失語症の理解にむけて——批判的研究」（中村靖子訳）『フロイト全集　1』所収、岩波書店、二〇〇九年
7 フロイト、同書、一二七ページ
8 ピーター・ゲイ『フロイト（1）』（鈴木晶訳）みすず書房、一九九七年、七三ページ

9 Freud (1895). pp. 141-142.（拙訳、以下同様）
10 Freud (1895). p. 84.
11 Freud (1895). p. 174.
12 Freud (1895). p. 185.
13 Freud (1895). p. 192.
14 フロイトは実際、抑圧がいわば自動的に生じるメカニズムを考慮し、「意識―無意識」という単純な二項モデルを後に修正することになる。意識的な心を制御する「自我」、快感原則に支配されている無意識的な「エス」、心の中の裁判官として受け入れ難い体験を無意識へと追放する「超自我」、という三項モデルである。本章の最終節で見るとおり、後年の精神分析理論において「超自我」は自我の機能のうち無意識に作用するものとして位置付けられている。
15 Freud, S. (1917). Vorlesungen zur Einführung in die Psychoanalyse. In *Gesammelte Werke,* Bd XI. London, UK: Imago Publishing. p. 269.（高田珠樹・新宮一成・須藤訓任・道籏泰三訳「精神分析入門講義」『フロイト全集 15』所収、岩波書店、二〇一二年）
16 Freud (1917). p. 278.（拙訳）
17 なお、後期のフロイトは「死の欲動」という概念を導入して、この点についての考えを改めている。トラウマの記憶をいつまでも反復してしまうのは、生命体が自らを解体して死に至ろうとする欲動（いわゆる「タナトス」）の現れであるという。筆者はこの主張については限定的に理解している。「死の欲動」は戦争体験のようにきわめて過剰なトラウマ、すなわちほとんど治癒の可能性のないトラウマにのみ当てはまる限定的なもので、トラウマ一般には該当しないと考える。なお、「死の欲動」については次を参照。Freud, S. (1920). Jenseits des Lustprinzips. In *Gesammelte Werke,* Bd XIII. London, UK: Imago Publishing.（須藤訓任訳「快原理の彼岸」『フロイト全集 17』所収、岩波書店、二〇〇六年）

18 Alexander, F. (1950). *Psychosomatic medicine: Its principles and applications*. New York, NY: W. W. Norton.（末松弘行監訳『心身医学』学樹書院、一九九七年）
19 池見酉次郎『心療内科――「病いは気から」の医学』中公新書、一九六三年
20 Kataoka, N., Shima, Y., Nakajima, K., & Nakamura, K. (2020). A central master driver of psychosocial stress responses in the rat. *Science, 367,* 1105-1112.
21 ハンス・セリエ『現代社会とストレス』（杉靖三郎・藤井尚治・田多井吉之助・竹宮隆訳）法政大学出版局、一九八八年
22 Horsley Gantt, W. (2020). Ivan Pavlov (Encyclopaedia Britannica). https://www.britannica.com/biography/Ivan-Pavlov（アクセス：二〇二三年四月五日）
23 Watson, J. B., & Rayner, R. (1920). Conditioned emotional reactions. *Journal of Experimental Psychology, 3,* 1-14.
24 喜田聡・福島穂高・稲葉洋芳「恐怖条件づけ」、林康紀他編『脳科学辞典』所収、二〇一四年（https://bsd.neuroinf.jp/wiki/言語中枢）DOI：10.14931/bsd.4865
25 ステファン・W・ポージェス『ポリヴェーガル理論入門――心身に変革をおこす「安全」と「絆」』（花丘ちぐさ訳）春秋社、二〇一八年
26 Ataria, Y. (2018). *Body disownership in complex posttraumatic stress disorder*. New York, NY: Palgrave Macmillan.
27 Freud, S. (1900). Die Traumdeutung. In *Gesammelte Werke,* Bd II/III. London, UK: Imago Publishing.（新宮一成訳「夢解釈　I・II」『フロイト全集　4・5』所収、岩波書店、二〇〇七年・二〇一一年）
28 Freud, S. (1923). Das Ich und das Es. In *Gesammelte Werke,* Bd XIII. London, UK: Imago Publishing, p. 244.（道籏泰三訳「自我とエス」『フロイト全集　18』所収、岩波書店、二〇〇七年）
29 Freud (1923). pp. 253-254.
30 Penfield, W., & Rasmussen, T. (1950). *The cerebral cortex of man*. New York, NY: Macmillan Company.

31 Solms, M. (2015). *The feeling brain: Selected papers on neuropsychoanalysis.* New York, NY: Routledge.
32 Solms, M., & Panksepp, J. (2012). The "Id" knows more than the "Ego" admits: Neuropsychoanalytic and primal consciousness perspectives on the interface between affective and cognitive neuroscience. *Brain Sciences, 2,* 147-175.
33 Solms (2015). pp. 159-160.
34 Freud, S. (1940). Abriss der Psychoanalyse. In *Gesammelte Werke,* Bd XVII. London, UK: Imago Publishing, pp. 128-129.（津田均訳「精神分析概説」『フロイト全集　22』所収、岩波書店、二〇〇七年）
35 岸本寛史編著『ニューロサイコアナリシスへの招待』誠信書房、二〇一五年、二一〇ページ

[第2章]

1 エーリッヒ・フロム『自由からの逃走』（日高六郎訳）創元社、一九五一年
2 ウィルヘルム・ライヒ『セクシュアル・レボリューション――文化革命における性』（小野泰博・藤沢敏雄訳）現代思潮社、一九七〇年
3 例えば『セクシュアル・レボリューション』には、当時の精神分析からもマルクス主義からも「異常」とみなされていた同性愛を擁護する記述がある。本章の以下の記述からも推測されるとおり、身体的経験を解放するひとつの焦点がオーガズムにあるとすると、同性愛や両性愛におけるオーガズムの経験もまた異性愛と同じく尊重されるべきであるということになるだろう。こうした点で性の扱いは社会の改革と結びつくのである。
4 マイロン・シャラフ『ウィルヘルム・ライヒ――生涯と業績（上）（下）』（村本詔司・国永史子訳）新水社、一九九六年
5 フロイトによると、女児の場合この三角関係が逆になる。女児は父親に性愛的な感情を向けるとともに母親に対して嫉妬と敵意を抱くという。またこの前段で、女児は自身の身体にペニスがついていないことに気づいて男児を羨

む「ペニス羨望」を経験するという。だが直観的に気づかれるとおり、女児と男児の幼児期は、これほど対称的に構造化されてはいない。男児にとっても女児にとっても、母親は生まれて最初に出会う愛着の対象という意味を持つため、女児のこの時期の経験は男児をたんに裏返したものにはならない。フェミニズムの立場からすでにさまざまな批判がなされてきたので本書では立ち入らないが、フロイトはペニスのある男児の場合を範型として心の構造を考える傾向を持っている。代表的な批判として次のカレン・ホーナイの著作を参照。カレン・ホーナイ『精神分析の新しい道』（安田一郎訳）誠信書房、一九七五年
6 Reich, W. (1933). *Charakteranalyse.* Wien, Austria: Im Selbstverlage des Verfassers, p. 48.（ウィルヘルム・ライヒ『性格分析――その技法と理論』（小此木啓吾訳）岩崎学術出版社、一九六六年）
7 Reich (1933). Kapitel VIII.
8 シャラフ、前掲書（上）、一四六ページ
9 Freud, S. (1930). Das Unbehagen in der Kultur. In *Gesammelte Werke,* Bd XIV. London, UK: Imago Publishing.（嶺秀樹・高田珠樹訳「文化の中の居心地悪さ」『フロイト全集　20』所収、岩波書店、二〇一一年）
10 Freud, S. (1923). Das Ich und das Es. In *Gesammelte Werke,* Bd XIII. London, UK: Imago Publishing. pp. 256-267.（道籏泰三訳「自我とエス」『フロイト全集　18』所収、岩波書店、二〇〇七年）
11 Reich, W. (1969). *Die Funktion des Orgasmus.* Berlin, Germany: Kiepenheuer & Witsch, p. 88.（初版一九四二年）
12 Reich (1969). p. 93.
13 Reich (1969). p. 94.
14 シャラフ、前掲書（上）、一六八ページ
15 Reich (1969). p. 96.
16 Reich (1969). p. 95.
17 ライヒが自律神経系に関連する研究を進めていた一九三〇年代の当時、「自律神経系」はいまだ「植物神経系

（vegetative nervous system）」とも呼ばれていた。オーガズムに関係する不随意筋、不随意筋の運動を制御する自律神経系の生理学的過程に注目するセラピーという意味で、ライヒは自らの技法を一時期「植物的セラピー（vegeto-therapy）」と称していた。この文章の「植物的エネルギー」は、自律神経と不随意筋を作動させる生命エネルギーという意味で用いられている。
18　Reich (1969). p. 259.
19　Soussignan, R. (2002). Duchenne smile, emotional experience, and autonomic reactivity: A test of the facial feedback hypothesis. *Emotion, 2*, 52-74.
20　Niedenthal, P. M. (2007). Embodying emotion. *Science, 316*, 1002-1005.
21　Fletcher, S. (2021). *Touched by touching: A hermeneutic phenomenological look at the experience of touch for bodywork practitioners*. Ph.D Dissertation, Pacifica Graduate Institute.
22　田中彰吾『ボディワークの身体論』東京工業大学大学院修士論文、一九九九年
23　アレクサンダー・ローエン『うつと身体――〈からだ〉の声を聴け』（中川吉晴・国永史子訳）春秋社、二〇〇九年（図は三六四ページ）
24　Hess, E. H., & Polt, J. M. (1960). Pupil size as related to interest value of visual stimuli. *Science, 132*, 349-350.
25　アレクサンダー・ローエン『バイオエナジェティックス――原理と実践』（菅靖彦・国永史子訳）春秋社、一九九四年、三五八ページ
26　アレクサンダー・ローエン『引き裂かれた心と体――身体の背信』（池見酉次郎監修・新里里春・岡秀樹訳）創元社、一九七八年（第三章）
27　ローエン、同書、二二二ページ
28　ローエン『うつと身体』、六一ページ
29　ローエン、同書、五一ページ

30　市川浩『身体論集成』岩波現代文庫、二〇〇一年
31　補足しておくと、身体とスピリチュアリティの関係についてライヒがまったく気づいていなかったわけではない。一九四〇年代以降、自然界に充満するエネルギーであると彼が主張する「オルゴン」の研究に熱中し、著作も残している。ただしオルゴン概念は、身体と宇宙を結ぶという問題意識を欠いているだけでなく、放射線のような物理現象と結びつけて解釈されている。ローエンが身体を流れる「生命エネルギー」を比喩として受け取ることでスピリチュアリティへの理解を開いたのに対し、ライヒはエネルギー概念を物理現象として文字通り理解することに終始している。この点はライヒの以下の著作を参照。Reich, W. (1948). *The orgone energy accumulator: Its scientific and medical use.* Rangeley, ME: Wilhelm Reich Foundation.
32　アレクサンダー・ローエン『からだのスピリチュアリティ』(村本詔司・国永史子訳) 春秋社、一九九四年、一三〇ページ

[第3章]

1　エーリッヒ・フロム『自由からの逃走』(日高六郎訳) 創元社、一九五一年
2　同書、第四章
3　Sartre, J-P. (1946). *L'existentialisme est un humanisme.* Paris, France: Nagel. (伊吹武彦訳「実存主義はヒューマニズムである」『実存主義とは何か』所収、人文書院、一九九六年)
4　Sartre (1946). p. 21. (拙訳、以下同様)
5　サルトルのこのような理解は、もちろんハイデガーが『存在と時間』(一九二七年) で示した人間観に大きく影響されている。ハイデガーは「世界内存在」という観点で人間をとらえ、人間をあえて「現存在 (ドイツ語「Dasein」で「そこに存在するもの」という意味)」と概念化し、現存在が世界に投げ入れられていることを「被投性」と呼んだ。この点については次を参照。Heidegger, M. (1927/1967). *Sein und Zeit.* Tübingen, Germany: Max

Niemeyer Verlag.（熊野純彦訳『存在と時間　（一）～（四）』岩波文庫、二〇一三年）
6　Sartre, J-P. (1943). *L'être et le néant.* Paris, France: Gallimard.（松浪信三郎訳『存在と無（Ⅰ）～（Ⅲ）』ちくま学芸文庫、二〇〇七―二〇〇八年）
7　Husserl, E. (1950). *Ideen zu einer reinen Phänomenologie und phänomenologischen Philosophie,* Erstes Buch. The Hague, Netherlands: Martinus Nijhoff.（渡辺二郎訳『イデーン　Ⅰ―Ⅰ・Ⅱ』みすず書房、一九七九年・一九八四年）
8　なお、意識が自らに向かっており、実質的にどこにも向かっていないような場合もあるのではないか、そしてその場合は、意識を持たずに自足している物と同じ状態になるのではないかと考えた読者もいるかもしれないが、それは違う。意識が自らに向かう場合まさに「自己意識」として、自分自身を対象として意識する作用となって生じるのである。
9　Sartre (1943). p. 32.
10　Sartre (1943). p. 32.
11　Husserl (1950).
12　Sartre (1946).
13　Sartre (1946). p. 36.
14　中沢洽樹訳『旧約聖書』中公クラシックス、二〇〇四年、創世記一「天地創造」二六―二七節
15　同書、創世記二「エデンの園」七―八節
16　なお、門脇佳吉によると、このような見方は一般に「霊」と「身体」を明確に区別する霊肉二元論的なもので、現代の聖書解釈では必ずしも支持されていないという。本書に示した見方はヨーロッパの知的伝統では一般に広く受け入れられているが、これはもともとトマス・アクィナスら中世の神学者が示していた解釈で、古代ギリシャ思想、特にプラトンの霊肉二元論に大きく影響されており、本来のキリスト教的な身体観とは異なるというのが門脇

の主張である。これについては以下を参照。門脇佳吉「宗教と身体」『岩波講座・宗教と科学　8：身体・宗教・性』所収、岩波書店、一九九三年
17　中沢訳、前掲書、創世記一「天地創造」二八節
18　Sartre (1946). pp. 35-36.
19　Sartre (1946). p. 37.
20　Heidegger (1927). pp. 126-130.（邦訳第二巻、一一三―一三四ページ）
21　Sartre (1946). p. 62.
22　Sartre (1946). pp. 66-67.
23　Merleau-Ponty, M. (1945). *Phénoménologie de la perception*. Paris, France: Gallimard.（中島盛夫訳『知覚の現象学』法政大学出版局、二〇一五年）
24　Tanaka, S. (2019). Bodily origin of self-reflection and its socially extended aspects. In W. J. Silva-Filho & L. Tateo (Eds.). *Thinking about oneself: The place and value of reflection in philosophy and psychology* (pp. 141-156). Cham, Switzerland: Springer Nature.
25　ニーチェ『ツァラトゥストラはこう言った（上）』（氷上英廣訳）岩波文庫、一九六七年、五一ページ
26　ニーチェは「スピリット」「霊」ではなく「魂（Seele/soul）」という言葉を用いている。この言葉使いも興味深いところである。英語やドイツ語で「スピリット（霊）」と「ソウル（魂）」を使い分ける際、スピリットのほうがより普遍的な意味合いを持ち、神とのつながりが強調される。他方でソウルは、情動や受苦の経験を通じて最終的に普遍的なものにつながっていく、より個人的な心の活動を強調して用いられる。スピリットとソウルの違いは、「本質としての人間」と「実存としての人間」の違いに近い。
27　序章で取り上げたように、だから禅宗では「不立文字」が強調されるのである。「いま・ここにただ存在すること」は、それを自覚する意識がともなえば「悟り」の経験に近くなる。だが、そうであればこそ、ただ存在することを

言葉にして伝達することはできず、体験によって伝えるしかない。
28 May, R. (1996). *The meaning of anxiety* (revised edition). New York, NY: W. W. Norton & Company.
29 Heidegger (1927).（邦訳第三巻、一三七—一三八ページ）
30 九鬼周造『偶然性の問題』岩波文庫、二〇一二年（原著一九三五年）
31 Sartre, J-P. (1938). *La nausée*. Paris, France: Gallimard. pp. 184-185.
32 キルケゴールは実存的な不安を「眩暈」の経験に喩えている。ひとが自分自身の存在の根底を覗き込むとき、そこには何の根拠もなく深淵がただ開けている。実存の深淵の前で自己の立ち位置が一瞬わからなくなるカオスの身体的経験がまさに「眩暈」である。この点については以下を参照。セーレン・キルケゴール『不安の概念』（村上恭一訳）平凡社ライブラリー、二〇一九年
33 九鬼、前掲書、二四四ページ
34 木田元『偶然性と運命』岩波新書、二〇〇一年
35 意外なことに、「暗黙知」の理論で知られる科学哲学者のマイケル・ポランニーが、サルトルに見られる実存主義の立場を、知性を「明示的思考」に還元する立場であるとして批判している。本人の明示的な決断によって人生に組み込まれるもののみに投企が限定されてしまうと、物事への暗黙の関与が制限され、創造的な知性のはたらきが阻害されるというのである。きわめて興味深い指摘であろう。これについては以下を参照。マイケル・ポランニー『暗黙知の次元』（高橋勇夫訳）ちくま学芸文庫、二〇〇三年
36 セーレン・キルケゴール『反復』（桝田啓三郎訳）岩波文庫、一九八三年、四五ページ
37 ニーチェ『善悪の彼岸』（木場深定訳）岩波文庫、一九七〇年

［第４章］

1 ルネ・デカルト「省察」（所雄章訳）『デカルト著作集　2』所収、白水社、二〇〇一年（第一省察）

2 ルネ・デカルト「方法序説」（三宅徳嘉・小池健男訳）『デカルト著作集 1』所収、白水社、二〇〇一年（第三部）
3 同書、三九ページ
4 Tanaka, S. (2021). Beyond the "body-in-the-brain": A phenomenological view of phantom limbs. *Philosophy & Cultural Embodiment, 1*, 39-51.
5 身体にはもともと、「反省」という意識作用のプロトタイプとなるような「意識する側」「意識される側」という二重性が備わっている。その範例となる現象がメルロ＝ポンティも検討している「二重感覚」である。二重感覚とは、例えば右手で左手に触れるときのように、「触れる側」と「触れられる側」が不意に入れ替わり、同じ部位で触覚が二重に生じる現象を指す。二重感覚を原型として、思考作用に没入している「われ思う」が、不意に新たな思考作用によってとらえ返されるとき、「われあり」と反省する二重の意識作用が生じるのである。
6 Merleau-Ponty, M. (1945). *Phénoménologie de la perception*. Paris, France: Gallimard.（中島盛夫訳『知覚の現象学』法政大学出版局、二〇一八年）
7 Gardner, H. (1985). *The mind's new science: A history of the cognitive revolution*. New York, NY: Basic Books.
8 鈴木宏昭『教養としての認知科学』東京大学出版会、二〇一六年
9 徃住彰文『心の計算理論』東京大学出版会、一九九一年
10 Newell, A., & Simon, H. A. (1956). *The logic theory machine: A complex information processing system*. Santa Monica, CA: Rand Corporation.
11 Miller, G. A. (1956). The magical number seven, plus or minus two: Some limits on our capacity for processing information. *Psychological Review, 63*, 81-97.
12 Chomsky, N. (1965). *Aspects of the theory of syntax*. Cambridge, MA: MIT Press.
13 Watson, J. B. (1924/1970). *Behaviorism* (reprint). New York, NY: W. W. Norton.

14 ルネ・デカルト「省察」（所雄章訳）『デカルト著作集 2』所収、白水社、二〇〇一年（第二省察）
15 ルネ・デカルト「情念論」（花田圭介訳）『デカルト著作集 3』所収、白水社、二〇〇一年
16 ここでは紙幅の都合で取り上げないが、認知科学だけでなく心理学の歴史を紐解いても、やはり心身二元論の枠組みのもとで「心」が科学的な研究対象として身体から切り離されていく過程があったことがよくわかる。初期の心理学は生理学から独立して成立するが、その過程で、神経を含む純粋に身体的な過程から区別されるものとして「心」を位置づけ、それを主観的に経験される私秘的な「意識」に求めたのだった。詳細は高橋澪子『心の科学史——西洋心理学の背景と実験心理学の誕生』講談社学術文庫、二〇一六年を参照。
17 Ryle, G. (1949). *The concept of mind.* Chicago, IL: University of Chicago Press.（坂本百大・井上治子・服部裕幸訳『心の概念』みすず書房、一九八七年）
18 Harnad, S. (1990). The symbol grounding problem. *Physica D, 42,* 335-346.
19 McCarthy, J., & Hayes, P. J. (1969). Some philosophical problems from the standpoint of artificial intelligence. *Machine Intelligence, 4,* 463-502.
20 Dennett, D. (1984). Cognitive wheels: The frame problem of AI. In M. A. Boden (Ed.). *The Philosophy of Artificial Intelligence* (pp. 147-170). Oxford, UK: Oxford University Press.
21 Merleau-Ponty (1945). p. 160.（拙訳、以下同様）
22 Ataria, Y., Tanaka, S., & Gallagher, S. (Eds.). (2021). *Body schema and body image: New directions.* Oxford, UK: Oxford University Press.
23 田中彰吾『自己と他者——身体性のパースペクティヴから』東京大学出版会、二〇二二年（第1章）
24 Head, H., & Holmes, G. (1911). Sensory disturbances from cerebral lesions. *Brain, 34,* 102-254.
25 Merleau-Ponty (1945). p. 116.
26 Merleau-Ponty (1945). pp. 87-105.

27 V・S・ラマチャンドラン&S・ブレイクスリー『脳のなかの幽霊』（山下篤子訳）角川書店、一九九九年（第二章）
28 Merleau-Ponty (1945). p. 239.
29 Varela, F. J., Thompson, E., & Rosch, E. (1991). *The embodied mind: Cognitive science and human experience.* Cambridge, MA: MIT Press.（田中靖夫訳『身体化された心——仏教思想からのエナクティブ・アプローチ』工作舎、二〇〇一年）
30 Thompson, E. (2007). *Mind in life: Biology, phenomenology, and the sciences of mind.* Cambridge, MA: Harvard University Press. (p. 11)
31 Ryle (1944). Chap. 2.
32 Held, R., & Hein, A. (1963). Movement-produced stimulation in the development of visually guided behavior. *Journal of Comparative and Physiological Psychology, 56,* 872-876.
33 Glenberg, A. M., & Kaschak, M. (2002). Grounding language in action. *Psychonomic Bulletin & Review, 9,* 558-565.
34 McBeath, M. K., Shaffer, D. M., & Kaiser, M. K. (1995). How baseball outfielders determine where to run to catch fly balls. *Science, 268,* 569-573.
35 Shaffer, D. M., Krauchunas, S. M., Eddy, M., & McBeath, M. K. (2004). How dogs navigate to catch frisbees. *Psychological Science, 15,* 437-441.
36 Kirsh, D., & Maglio, P. (1994). On distinguishing epistemic from pragmatic action. *Cognitive Science, 18,* 513-549.
37 Shapiro, L. (2019). *Embodied cognition* (second edition). London, UK: Routledge.
38 Lakoff, G., & Johnson, M. (1999). *Philosophy in the flesh: The embodied mind and its challenge to Western thought.* New York, NY: Basic Books.（計見一雄訳『肉中の哲学——肉体を具有したマインドが西洋の思考に挑戦する』哲学書房、二〇〇四年）

39 Haken, H., Kelso, J. A. S., & Bunz, H. (1985). A theoretical model of phase transitions in human hand movements. *Biological Cybernetics, 51,* 347-356.
40 Soussignan, R. (2002). Duchenne smile, emotional experience, and autonomic reactivity: A test of the facial feedback hypothesis. *Emotion, 2,* 52-74.
41 Wilson, R. A. (2004). *Boundaries of the mind: The individual in the fragile sciences.* Cambridge, UK: Cambridge University Press.
42 Clark, A., & Chalmers, D. J. (1998). The extended mind. *Analysis, 58,* 7-19.
43 Menary, R. (2010). Introduction to the special issue on 4E cognition. *Phenomenology and the Cognitive Sciences, 9,* 459-463.
44 Tanaka, S. (2015). Intercorporeality as a theory of social cognition. *Theory & Psychology, 25,* 455-472.
45 河野哲也『環境に拡がる心——生態学的哲学の展望』勁草書房、二〇〇五年
46 河野哲也『間合い——生態学的現象学の探究』東京大学出版会、二〇二二年

[第5章]

1 Stunkard, A. J., Sørensen, T., & Schulsinger, F. (1983). Use of the Danish adoption register for the study of obesity and thinness. In S. Kety (Ed.), *The genetics of neurological and psychiatric disorders.* New York, NY: Raven Press.
2 Fallon, A., & Rozin, P. (1985). Sex differences in perceptions of desirable body shape. *Journal of Abnormal Psychology, 94,* 102-105.
3 Grogan, S. (2008). *Body image: Understanding body dissatisfaction in men, women and children* (second edition). New York, NY: Routledge.
4 Harper, B., & Tiggemann, M. (2008). The effect of thin ideal media images on women's self-objectification, mood,

and body image. *Sex Roles, 58,* 649-657.
5 Bruch, H. (1985). Four decades of eating disorders. In D. M. Garner, & P. E. Garfinkel (Eds.), *Handbook of psychotherapy for Anorexia Nervosa and Bulimia* (pp. 7-18). New York, NY: Guilford Press.
6 Brumberg, J. J. (1988). *Fasting girls: The emergence of Anorexia Nervosa as a modern disease*. Cambridge, MA: Harvard University Press.
7 アメリカ精神医学会編『DSM-5　精神疾患の診断・統計マニュアル』医学書院、二〇一四年
8 Veale, D. (2000). Outcome of cosmetic surgery and 'DIY' surgery in patients with body dysmorphic disorder. *Psychiatric Bulletin, 24,* 218-221.
9 Merleau-Ponty, M. (1962). *Phenomenology of perception*. (Trans.) Colin Smith. New York, NY: Routledge & Kegan Paul.（英訳）
10 Gallagher, S. (2005). *How the body shapes the mind*. Oxford, UK: Oxford University Press. (p. 24)
11 Yuasa Y. (1993). *The body, self-cultivation, and Ki-energy*. Albany, NY: State University of New York Press.
12 田中彰吾「身体イメージの哲学」『Clinical Neuroscience』第二九巻八号、八六八―八七一ページ、二〇一一年
13 James, W. (1890). *The Principles of Psychology* (vol. 1). New York: Dover Publications (reprint in 1950). (pp. 291-401)
14 Husserl, E. (1952). *Ideen zu einer reinen Phänomenologie und phänomenologischen Philosophie,* Zweites Buch. The Hague, Netherlands: Martinus Nijhoff. (pp. 158-159)
15 Paillard J. (2005). Vectorial versus configural encoding of body space. In H. D. Preester, & V. Knockaert (Eds.), *Body image and body schema* (pp. 89-109). Amsterdam, Netherlands: John Benjamins.
16 Merleau-Ponty, M. (1950-51/2001). Les relations avec autrui chez l'enfant. In *Parcours 1935-1951* (pp. 147-229). Lagrasse, France: Veridier.（木田元・滝浦静雄訳『幼児の対人関係』みすず書房、二〇〇一年）

17 田中彰吾『生きられた〈私〉をもとめて――身体・意識・他者』北大路書房、二〇一七年（第三章）
18 エルンスト・マッハ『感覚の分析』（須藤吾之助・廣松渉訳）法政大学出版局、二〇一三年、一六ページ
19 Amsterdam, B. (1972). Mirror self-image reactions before age two. *Developmental Psychobiology, 5,* 297-305.
20 Johnson, M. H., & Morton, J. (1991). *Biology and cognitive development: The case of face recognition.* Oxford, UK: Blackwell.
21 ルネ・ザゾ『鏡の心理学』（加藤義信訳）ミネルヴァ書房、一九九九年
22 Gallup, G. G. (1977). Self-recognition in primates: A comparative approach to the bidirectional properties of consciousness. *American Psychologist, 32,* 329-338.
23 Merleau-Ponty (1950-51/2001). p. 208.
24 Fanon, F. (1952). *Peau noire, masques blancs.* Paris: Seuil.（海老坂武・加藤晴久訳『黒い皮膚・白い仮面』みすず書房、一九九八年）
25 Fanon (1952). p. 88.（拙訳、以下同様）
26 Fanon (1952). p. 91.
27 Fanon (1952). p. 89.
28 Ataria, Y., & Tanaka, S. (2020). When body image takes over the body schema: The case of Frantz Fanon. *Human Studies, 43,* 653-665.
29 Fanon (1952). p. 156.
30 Fanon (1952). p. 103.
31 Fanon (1952). p. 112.
32 Sartre, J-P. (1943). *L'être et le néant.* Paris, France: Gallimard.（松浪信三郎訳『存在と無（Ⅰ）〜（Ⅲ）』ちくま学芸文庫、二〇〇七―二〇〇八年）

33 Sartre (1943). p. 392.（拙訳、以下同様）
34 Tanaka, S. (2015). Intercorporeality as a theory of social cognition. *Theory & Psychology, 25,* 455-472.
35 Sartre (1943). p. 260.
36 May, R. (1996). *The meaning of anxiety* (revised edition). New York, NY: W. W. Norton & Company.
37 Tanaka, S. (2020). Body-as-object in social situations: Toward a phenomenology of social anxiety. In C. Tewes & G. Stanghellini (Eds.). *Time and body: Phenomenological and psychopathological approaches* (pp. 150-169). Cambridge, UK: Cambridge University Press.

［第6章］

1 田中彰吾「認知神経科学と現象学——身体と自己の起源探求・一九九〇年代以降」、村田純一・渡辺恒夫編『心の哲学史』所収、講談社、近刊予定
2 加我君孝「わが国の人工内耳手術の歴史」『Otology Japan』第二八巻五号、六四三—六四八ページ、二〇一八年
3 本庄巖『聴覚障害』金原出版、二〇〇一年
4 Forbes Japanウェブサイト、二〇二三年三月三一日記事「イーロン・マスクの脳デバイス企業ニューラリンク、ついにヒトの臨床試験か？」
https://forbesjapan.com/articles/detail/62048（アクセス：二〇二三年五月五日）
5 BBC NEWSウェブサイト、二〇〇五年三月三一日記事「Brain chip reads man's thoughts」
http://news.bbc.co.uk/2/hi/health/4396387.stm（アクセス：二〇二三年五月五日）
6 Hochberg, L. R., Serruya, M. D., Friehs, G. M., Mukand, J. A., Saleh, M., Caplan, A. H., Branner, A., Chen, D., Penn. R. D., & Donoghue, J. P. (2006). Neuronal ensemble control of prosthetic devices by a human with tetraplegia. *Nature, 442,* 164-171.

7 動画サイトYouTube、チャンネル名「ITworld」、動画名「BrainGate lets your brain control the computer」https://www.youtube.com/watch?v=TJJPbpHoPWo（アクセス：二〇二三年五月五日）
8 川人光男『脳の情報を読み解く――ＢＭＩが開く未来』朝日選書、二〇一〇年、一四三ページ
9 Chapin, J. K., Moxon, K. A., Markowitz, R. S., & Nicolelis, M. A. L. (1999). Real-time control of a robot arm using simultaneously recorded neurons in the motor cortex. *Nature Neuroscience, 2,* 664-670.
10 ミゲル・ニコレリス『越境する脳――ブレイン・マシン・インターフェースの最前線』（鍛原多惠子訳）早川書房、二〇一一年
11 櫻井芳雄『脳と機械をつないでみたら――ＢＭＩから見えてきた』岩波現代全書、二〇一三年、二七ページ
12 Botvinick, M., & Cohen, J. (1998). Rubber hands ‘feel’ touch that eyes see. *Nature, 391,* 756.
13 Moguillansky, C. V., O’Regan, J. K., & Petitmengin, C. (2013). Exploring the subjective experience of the “rubber hand” illusion. *Frontiers in human neuroscience, 7.* DOI: 10.3389/fnhum.2013.00659
14 Lenggenhager, B., Tadi, T., Metzinger, T., & Blanke, O. (2007). Video ergo sum: Manipulating bodily self-consciousness. *Science, 317,* 1096-1099.
15 Blanke, O., & Metzinger, T. (2009). Full-body illusions and minimal phenomenal selfhood. *Trends in Cognitive Sciences, 13,* 7-13.
16 Blanke, O., & Arzy, S. (2005). The out-of-body experience: Disturbed self-processing at the temporo-parietal junction. *The Neuroscientist, 11,* 16-24.
17 Lenggenhager, et al. (2007). p. 1098.
18 Lenggenhager, et al. (2007). p. 1096.
19 Ehrsson, H. H., Spence, C., & Passingham, R. E. (2004). That’s my hand! Activity in premotor cortex reflects feeling of ownership of a limb. *Science, 305,* 875-877.

20 V・S・ラマチャンドラン&S・ブレイクスリー『脳のなかの幽霊』(山下篤子訳) 角川書店、一九九九年、九四—九五ページ
21 田中彰吾「プロジェクション科学における身体の役割——身体錯覚を再考する」『認知科学』第二六巻一号、一四〇—一五一ページ、二〇一九年
22 Husserl, E. (1952). *Ideen zu einer reinen Phänomenologie und phänomenologischen Philosophie*, Zweites Buch. The Hague, Netherlands: Martinus Nijhoff.
23 A・R・ダマシオ『デカルトの誤り——情動、理性、人間の脳』(田中三彦訳) ちくま学芸文庫、二〇一〇年
24 Fuchs, T. (2018). *Ecology of the brain: The phenomenology and biology of the embodied mind.* Oxford, UK: Oxford University Press.
25 Gallagher, S. (2000). Philosophical conceptions of the self: Implications for cognitive science. *Trends in Cognitive Sciences, 4*, 14-21.
26 Gallagher, S. (2012). *Phenomenology.* London, UK: Palgrave Macmillan.
27 Cleveland Clinic ウェブサイト記事「Bionic Prosthetic Arm Restores Sensation for Marine Veteran」https://my.clevelandclinic.org/patient-stories/253-bionic-prosthetic-arm-restores-sensation-for-marine-veteran (アクセス：二〇二三年五月五日)
28 Nissan ウェブサイト記事「脳波測定による運転支援技術 (Brain-to-Vehicle)」https://www.nissan-global.com/JP/INNOVATION/TECHNOLOGY/ARCHIVE/B2V/ (アクセス：二〇二三年五月五日)
29 石黒浩『ロボットと人間——人とは何か』岩波新書、二〇二一年
30 Banakou, D., Groten, R., & Slater, M. (2013). Illusory ownership of a virtual child body causes overestimation of object sizes and implicit attitude changes. *PNAS, 110*, 12846-12851.

31 Rosenberg, R. S., Baughman, S. L., & Bailenson, J. N. (2013). Virtual superheroes: Using superpowers in virtual reality to encourage prosocial behavior. *PLoS ONE, 8(1)*: e55003.
32 Banakou, D., Hanumanthu, P. D., & Slater, M. (2016). Virtual embodiment of white people in a black virtual body leads to a sustained reduction in their implicit racial bias. *Frontiers in Human Neuroscience, 10,* Article 601. DOI: 10.3389/fnhum.2016.00601.
33 Yee, N., & Bailenson, J. (2007). The Proteus effect: The effect of transformed self-representation on behavior. *Human Communication Research, 33,* 271-290.
34 嶋田総太郎『脳のなかの自己と他者――身体性・社会性の認知脳科学と哲学』共立出版、二〇一九年

あとがき

もう四半世紀も前のことになる。当時、ボディワークを題材にして修士論文を書いたのだが、自分の書きたい論点にうまく手が届かず、ニーチェに少し言及して中途半端な結論とともに終えてしまった。博士論文でもういちど身体論に取り組もうとしたものの、ユング心理学の研究にのめり込むうちに理論的な枠組みそのものが身体からずれてしまい、修士論文でやり残した宿題を終わらせることができないままになっていた。

修士論文を書き終えて以来、その最後の箇所で言及したニーチェの「大きな理性」という言葉がずっと引っかかっていた。ニーチェは、小賢しい「わたし」が目の前の問題解決のために操る「小さな理性」ではなく、今ここにある生を最大限に享受することを学んだ「おのれ」が従うべき「大きな理性」としての身体の意義について熱く説いている。

「大きな理性」としての身体は、当時から今に至るまで、私にとってずっと生き方の指針であり続けている。人生にはさまざまな分岐点がある。「小さな理性」に従うほうが短期的に見れば利益も多く、スマートに生き延びることができる。きっと傍目からもそのように見えるだろう。しかし私はそうした生き方よりも、もっと愚直に「大きな理性」に従うことを好んで選択してきた。

「スマート（smart）」であることから遠く、一見して愚直であるように見えても、深い意味で「ワイズ（wise）」であることができるような知性。これこそ「大きな理性」のあり方であり、それが具現する生き方である。自らそれについて書いているのだから、私自身が「大きな理性」を生きることができていなければ話にならない。本書が「大きな理性」を書き記すことができているかどうかの判断は読者に委ねるが、ここに記したことは確かに筆者自身が日々生きている現実である。

情報化の波が覆う社会では、どうしても「スマート」であることに価値が置かれやすい。スマートフォン、スマートカード、スマートＩＣ、スマートウォッチ、スマートグリッド、等々。「スマート」という言葉が先端的な価値を表現する時代に私たちは生きている。だが、これは二一世紀版の「小さな理性」を代理表象するものである。

スマートさを強調する時代の趨勢が顕著になればなるほど、ニーチェの実践した「反時代的考察」にならって、「小さな理性より大きな理性」を、「小手先のスマートさより骨太なワイズさ」を、時代に抗って提示したくなる。スマートであることは時代を生き延びる知性として必要だが、それだけでは時代に飲み込まれて終わるのが落ちであろう。この時代を「生き延びる」だけではなく、より十全に「生き抜く」ために、「大きな理性」と「ワイズ」であることが必要だと筆者は信じている。

修士論文を書き終えた直後、大学院の懇親会の席で、査読に加わってくれたある先生から――もちろん審査は通してくれたのだが――「君の修士論文の結論部分はただのやっつけだ！」と厳しく叱られた。その場の勢いに任せて「博士論文でこの借りは返します」と答えはしたものの、右に述べた経緯ゆえにその借りは返せず、以来、彼の叱責の言葉が私の心のどこかでずっと鳴り響いていた。本書の前半を書き終えたとき、やっとあの日の言葉を形にすることができたように感じられた。

このような次第で、本書は序章から前半の3章までが、二〇世紀半ばまでの心身論の思想史のふり返りになっているとともに、研究者としての私が個人的に積み残してきた仕事のやり直しにもなっている。精神分析は「性」を、実存主義は「死」を、それぞれ深く問うた思想であり、ひとが身体とともに生きていることの根源と極限に触れさせてくれる論点を多く含んでいる。本書の前半で試みたのは、これらを「大きな理性」という観点から一貫したものとして描くことである。

4章以降は、現代から近未来に向かって、心身論の思想がどのように広がりつつあるのか、またどこへ向かいつつあるのかを問いながら書き進めた。身体を取り戻した心の科学は、身体性認知や4E認知を経て「環境に拡がる心」という見方を強めつつある。心が「目に見えない内面」であり「他人には入り込めない私秘的な領域」であると考えたがる人は現在でも多いが、いずれこのような見方は淘汰されるに違いない。到来しつつある心の見方のインパクトを伝えることができたなら幸いである。

とはいえ、このような指摘だけでは不十分であろう。そもそも「身体を取り戻した心」を論じるということは、心でも身体でもあるような領域を扱うことに他ならない。「環境に拡がる心」を扱うことは、同時に「環境に拡がる身体」を扱うことでもあるはずだ。5章は、自己と他者のあいだに拡がる社会的な身体のあり方を「身体イメージ」として、6章は、〈脳―身体―環境〉という系として拡がる身体のあり方を「拡張身体」という概念によって記述したものである。私たちの心身がよって立つ現在地と、そこから開けている近未来の展望を少しでも描こうと努めた。
言いたいことは本文に書き記したため、これ以上の長々しいあとがきは不要である。本書は、講談社学芸クリエイトの林辺光慶さんにお声がけいただいたことで形になったものだ。最初にお話をいただいたのが二〇一八年だったので、以来五年以上もお待たせすることになり、その間に林辺さんも同社を退職されてしまった。申し訳ない限りであるが、その思いも含めて今は感謝の気持ちで一杯である。ここに記して深く御礼申し上げたい。

田中彰吾

田中彰吾《たなか・しょうご》
一九七一年生まれ。東京工業大学大学院社会理工学研究科博士課程修了。博士（学術）。ハイデルベルク大学客員研究員、東海大学現代教養センター教授等を経て、現在、東海大学文明研究所所長および理化学研究所客員研究員。身体性の観点から心の科学を刷新することを目指し、自己・知覚・他者理解等のテーマに取り組む。著書に『生きられた〈私〉をもとめて――身体・意識・他者』（北大路書房）、『自己と他者――身体性のパースペクティヴから』（東京大学出版会）、共著に『身体の知』（ビイング・ネット・プレス）、共訳書に『現象学的心理学への招待』（新曜社）、『現象学入門』（勁草書房）など。

身体《しんたい》と魂《たましい》の思想史《しそうし》

「大《おお》きな理性《りせい》」の行方《ゆくえ》

二〇二四年　六月一一日　第一刷発行

著者　田《た》中《なか》彰《しょう》吾《ご》

発行者　森田浩章
発行所　株式会社講談社
東京都文京区音羽二丁目一二―二一　〒一一二―八〇〇一
電話（編集）〇三―五三九五―三五一二
（販売）〇三―五三九五―五八一七
（業務）〇三―五三九五―三六一五
装幀者　奥定泰之
本文データ制作　講談社デジタル製作
本文印刷　信毎書籍印刷株式会社
カバー・表紙印刷　半七写真印刷工業株式会社
製本所　大口製本印刷株式会社

ISBN978-4-06-523519-5　Printed in Japan　N.D.C.130　269p　19cm

講談社選書メチエの再出発に際して

講談社選書メチエの創刊は冷戦終結後まもない一九九四年のことである。長く続いた東西対立の終わりはついに世界に平和をもたらすかに思われたが、その期待はすぐに裏切られた。超大国による新たな戦争、吹き荒れる民族主義の嵐……世界は向かうべき道を見失った。そのような時代の中で、書物のもたらす知識が一人一人の指針となることを願って、本選書は刊行された。

それから二五年、世界はさらに大きく変わった。特に知識をめぐる環境は世界史的な変化をこうむったとすら言える。インターネットによる情報化革命は、知識の徹底的な民主化を推し進めた。誰もがどこでも自由に知識を入手でき、自由に知識を発信できる。それは、冷戦終結後に抱いた期待を裏切られた私たちのもとに差した一条の光明でもあった。

その光明は今も消え去ってはいない。しかし、私たちは同時に、知識の民主化が知識の失墜をも生み出すという逆説を生きている。堅く揺るぎない知識も消費されるだけの不確かな情報に埋もれることを余儀なくされ、不確かな情報が人々の憎悪をかき立てる時代が今、訪れている。

この不確かな時代、不確かさが憎悪を生み出す時代にあって必要なのは、一人一人が堅く揺るぎない知識を得、生きていくための道標を得ることである。

フランス語の「メチエ」という言葉は、人が生きていくために必要とする職、経験によって身につけられる技術を意味する。選書メチエは、読者が磨き上げられた経験のもとに紡ぎ出される思索に触れ、生きるための技術と知識を手に入れる機会を提供することを目指している。万人にそのような機会が提供されたとき初めて、知識は真に民主化され、憎悪を乗り越える平和への道が拓けると私たちは固く信ずる。

この宣言をもって、講談社選書メチエ再出発の辞とするものである。

二〇一九年二月　　野間省伸